TENNIS 2022

EMMANUEL BRINGUIER

Talent Sport

SOMMAIRE

LES GRANDES DATES DE LA SAISON 6

LES GRANDES DATES DE LA SAISON

Mois après mois, retrouvez en un coup d'œil le panorama des moments forts de la saison de tennis 2022. La plupart de ces faits marquants sont développés en détail au fil des pages de ce livre.

JANVIER

• L'année commence par un titre bleu-blanc-rouge : tombeur de Karen Khachanov en finale du tournoi d'Adélaïde, Gaël Monfils est le premier vainqueur de 2022… Avec Rafael Nadal qui s'impose à l'ATP 250 de Melbourne.

• Toujours à Melbourne mais cette fois dans le « grand tournoi », l'Espagnol poursuit son début d'année de rêve en triomphant à l'Open d'Australie au terme d'une finale épique. Mené deux sets zéro par Daniil Medvedev, il rattrape son retard et s'impose après cinq heures vingt-quatre de jeu. Avec 21 Majeurs à son actif, l'Espagnol est le premier joueur masculin à franchir la barre des 20 titres du Grand Chelem.

• Impériale tout au long de la quinzaine, Ashleigh Barty remporte à domicile l'Open d'Australie. Personne ne le sait encore mais la native du Queensland joue là son dernier match professionnel…

• Pas de carte « Djoker » à Melbourne. Non-vacciné contre le Covid-19, le Serbe, qui visait une 9e victoire record en Océanie, doit quitter le territoire australien à la suite d'un improbable feuilleton judiciaire et politique.

FÉVRIER

• Quelques jours avant le début du tournoi de Buenos Aires, Juan Martin Del Potro annonce qu'il jouera chez lui « probablement » le dernier match de sa carrière. L'Argentin, un des seuls à avoir rivalisé avec le Big Four pendant plusieurs années, est éliminé au premier tour par son compatriote Federico Delbonis. Il n'a plus joué de match officiel depuis et a disparu des classements ATP.

• À Dubaï, Jelena Ostapenko et son jeu bulldozer balayent quatre anciennes lauréates de Grand Chelem : Sofia Kenin (1er tour), Iga Swiatek (8e de finale), Petra Kvitova (quart), Simona Halep (demie). Après Dubaï, elle atteint la demi-finale à Doha… avant de subir 4 défaites au premier tour.

• La Russie envahit l'Ukraine. La sidération est totale dans le monde entier, et de nombreux appels à la paix se font entendre parmi les joueurs et les joueuses. L'ATP et la WTA réfléchissent sur les actions à entreprendre.

MARS

• Dans une déclaration commune, l'ITF, l'ATP et la WTA annoncent que les joueurs et joueuses russes et biélorusses peuvent continuer à participer aux tournois professionnels mais sous une bannière neutre. Le tournoi de Moscou, prévu en octobre, est supprimé. Enfin, le comité exécutif de l'ITF précise avoir suspendu les fédérations russe et biélorusse de toutes les compétitions internationales par équipes… notamment la Coupe Davis et la Billie Jean King Cup.

• Stupéfaction dans le monde du tennis : mercredi 23 mars, Ashleigh Barty annonce dans un message vidéo publié sur Instagram qu'elle met un terme à sa carrière. La n° 1 mondiale est alors au sommet de son sport. « Je sais juste que dans mon cœur, pour moi en tant que personne, c'est la bonne chose à faire », déclare-t-elle.

• Taylor Fritz s'adjuge le premier Masters 1000 de sa carrière, à Indian Wells. En finale, le Californien vient à bout de Rafael Nadal. L'Espagnol comptait jusqu'alors 20 victoires en 20 matchs cette année.

• Encore une première à Miami. À seulement 18 ans, Carlos Alcaraz s'offre en Floride son premier Masters 1000. Il devient à cette occasion le plus jeune vainqueur du tournoi, devant un certain Novak Djokovic. Chez les dames, Iga Swiatek poursuit sa moisson débutée à Doha. Elle domine en finale Naomi Osaka et décroche un 3e WTA 1000 à la suite.

AVRIL

• Très à l'aise sur le Rocher monégasque, le Grec Stefanos Tsitsipas met fin à une période de doutes en décrochant un 2e titre d'affilée à Monte-Carlo.

• Kim Clijsters (re)prend sa retraite. La championne belge annonce sur les réseaux sociaux qu'elle range définitivement ses raquettes, à 38 ans. La Flamande, ancienne n° 1 mondiale, quadruple vainqueur en Grand Chelem, avait appuyé sur le bouton « pause » une première fois à 23 ans, en mai 2007. Elle avait effectué un retour éblouissant en 2009, s'adjugeant alors deux US Open (2009, 2010) et un Open d'Australie (2011). De nouveau retraitée en 2012, elle avait surpris la planète tennis en annonçant un deuxième comeback 7 ans plus tard, en 2019. Mais la crise du Covid-19 et les obligations familiales ne lui permettent pas d'être compétitive (5 défaites au premier tour entre 2020 et 2021). Le dernier match de sa carrière pro restera donc celui face à la Tchèque Siniakova, en octobre dernier, à Indian Wells.

MAI

• En prodige pressé, Carlos Alcaraz brûle toutes les étapes et remporte un 2e Masters 1000 en l'espace de quelques semaines. À Madrid, il domine tour à tour Rafael Nadal, Novak Djokovic et Alexander Zverev.

• Côté féminin, c'est Ons Jabeur qui triomphe dans la capitale espagnole. La Tunisienne décroche son 2e titre en carrière, après Birmingham en 2021, mais surtout son premier WTA 1000, devenant la première joueuse arabe à décrocher un succès dans cette catégorie de tournois.

• Novak Djokovic remporte son 1 000e match en carrière en dominant Casper Ruud en demi-finale à Rome. Il rejoint un club très fermé de joueurs qui ont fait de même : Jimmy Connors, Ivan Lendl, et bien sûr le duo qui l'accompagne dans presque tous les records : Roger Federer et Rafael Nadal. Le lendemain, le Serbe fête dignement cet anniversaire avec une victoire finale face à Stefanos Tsitsipas.

• L'ATP, la WTA et l'ITF annoncent qu'aucun point ne sera distribué à Wimbledon. Une décision qui fait suite au choix du tournoi britannique de ne recevoir aucun représentant russe ou biélorusse en réaction à la guerre en Ukraine.

Vainqueur de l'US Open 2009, Juan Martin Del Potro a marqué de son empreinte toute une génération, notamment grâce à son fabuleux coup droit décroisé. Mais l'Argentin, miné par les blessures, a vécu une carrière sur courant alternatif.

Ses succès sportifs ont fait de Ons Jabeur une véritable icône dans le monde arabe.

JUIN

• Malgré la douleur et la concurrence, Rafael Nadal soulève pour la 14e fois la Coupe des Mousquetaires à Roland-Garros. Il surclasse en finale Casper Ruud, qui n'avait, jusqu'à ce tournoi, encore jamais dépassé les huitièmes de finale en Grand Chelem.

• Iga Swiatek ne tremble pas à Paris. Archi-favorite du tournoi, elle met au pas toutes ses rivales pour décrocher son 2e titre lors des Internationaux de France après 2019. Coco Gauff vit une belle histoire sur la terre battue parisienne mais ne peut rien faire en finale face à la Polonaise.

• À part les observateurs assidus du circuit secondaire, qui connaissait Tim Van Rijthoven avant 's-Hertogenbosch ? Le Néerlandais, classé 261e au début de l'année, vit un conte de fée lors de l'ATP 250 disputé chez lui, aux Pays-Bas. Après avoir disposé de Matthew Ebden, Taylor Fritz, Hugo Gaston, Felix Auger-Alliasime, il écœure Daniil Medvedev en finale. Celui qui allait récupérer la place de nº 1 mondiale quelques heures plus tard préfère en rire lors de la remise des prix : « Félicitations Tim. Première finale ATP et tu détruis directement le nº 2 mondial en deux sets ! »

• L'ATP dévoile son plan stratégique OneVision, qui prévoit notamment le passage de 8 à 12 jours de compétition des Masters 1000 de Madrid, Rome et Shanghai dès l'année 2023. La Coupe Rogers du Canada et Cincinnati suivront en 2025.

JUILLET

• Comme lors des deux dernières années, l'ATP confirme que le Masters 1000 de Shanghai, les tournois de Pékin, de Chengdu et Zhuhai n'auront pas lieu en 2022 en raison des restrictions liées au Covid-19. Pour remplacer ces tournois annulés, l'ATP a accordé à six épreuves, pour une année seulement, le statut de tournois ATP 250 : San Diego, Séoul, Tel Aviv, Florence, Gijon et Naples.

• Éjecté de l'Open d'Australie, dominé par Nadal à Roland-Garros, Novak Djokovic ne laisse pas passer sa chance à Wimbledon. Le Serbe dompte la fougue et la puissance de Nick Kyrgios en finale pour décrocher son 21e titre dans un tournoi du Grand Chelem. Il compte désormais 7 couronnes dans le Majeur britannique, soit autant que Pete Sampras.

• On attendait Ons Jabeur mais c'est bien Elena Rybakina qui s'impose à Londres, après avoir renversé la Tunisienne en finale. Elle devient la première joueuse du Kazakhstan à triompher dans un tournoi du Grand Chelem.

• La folle série de victoires d'Iga Swiatek prend fin sur le gazon anglais. La Polonaise, qui restait sur 37 victoires consécutives, chute lourdement au 3e tour, battue par une remarquable Alizé Cornet.

AOÛT

• Sans l'annoncer clairement, « la reine » Serena Williams laisse entendre dans le magazine Vogue et sur Instagram qu'elle prendra bientôt sa retraite. « Il y a un temps dans la vie où il faut décider de prendre un nouveau chemin. C'est un moment toujours difficile quand on aime tellement ce qu'on fait. Et, mon Dieu, que j'aime le tennis. Mais maintenant le compte à rebours est enclenché », déclare-t-elle.

• Pas attendus à pareille fête, l'Espagnol Pablo Carreno Busta et le Croate Borna Coric triomphent pour la première fois de leur carrière dans un Masters 1000, respectivement à Montréal et Cincinnati.

• Le monde du tennis redécouvre le talent immense de Caroline Garcia. La Lyonnaise renoue avec le succès en cette année 2022, notamment en décrochant le titre à Cincinnati, où elle écarte à la suite Martic, Sakkari, Mertens, Pegula, Sabalenka et Kvitova.

• Après avoir sauvé quatre balles de match au 1er tour face à l'Australien O'Connell, Adrian Mannarino remporte le tournoi de Winston-Salem. Il décroche le 2e titre ATP de sa carrière et devient au passage le vainqueur le plus âgé du tournoi américain ainsi que le premier Français.

SEPTEMBRE

• Chahutée durant tout le tournoi par ses adversaires, Iga Swiatek retrouve la pleine possession de son tennis au meilleur moment pour écarter Ons Jabeur en finale et remporter son 3e sacre en Grand Chelem, le premier à New York.

• Au crépuscule de sa carrière, Serena Williams renoue avec ses heures de gloire en se hissant au 3e tour de l'US Open devant un public new-yorkais en fusion, avec notamment une victoire face à la nº 2 mondial Anett Kontaveit au 2e tour. L'Américaine finit par rendre les armes au match suivant face à Ajla Tomljanovic. La der des ders, vraiment ? La joueuse sème toujours un léger doute...

• Alizé Cornet bat le record de participations consécutives aux tournois du Grand Chelem, détenu jusqu'ici par la Japonaise Ai Sugiyama. En disputant son premier tour de l'US Open face à Emma Raducanu, la Française joue son 63e Grand Chelem d'affilée (série débutée en 2005 à Roland-Garros, alors qu'elle n'a que 15 ans). La Niçoise fête ce record dans un cadre royal, en s'offrant la tenante du titre et 11e mondiale. « Que je sois en bonne santé sur chaque Grand Chelem, c'est presque un miracle. Mais ça résume bien qui je suis en tant que joueuse et cette rigueur que je m'impose depuis toutes ces années. ».

• En dominant Casper Ruud en finale du tournoi new-yorkais, Carlos Alcaraz décroche son premier titre en Grand Chelem et devient à 19 ans, le plus jeune numéro 1 mondial de l'histoire du tennis.

• Moins d'une semaine après son triomphe new-yorkais, l'Espagnol perd son premier match en tant que patron du circuit ATP, en phase de groupes de la Coupe Davis, face à Felix Auger-Aliassime.

• Dans une vidéo postée sur les réseaux sociaux, Roger Federer annonce mettre un terme à sa carrière. La légende vivante suisse explique que ses problèmes au genou ne lui permettent plus d'être compétitif, et qu'il fera une ultime apparition en tant que joueur professionnel dans « son » événement, la Laver Cup, disputée à Londres. Le vendredi 23 septembre, il joue le dernier match de sa carrière aux côtés de Rafael Nadal dans une ambiance extraordinaire.

• Pour la première fois de son histoire, l'équipe du reste du monde bat l'Europe et s'adjuge la Laver Cup, qui vivait sa 5e édition.

NADAL ET LA LÉGENDE DU BOUT DU MONDE

Tout simplement renversant ! Dans sa longue et riche histoire, le tennis a vécu nombre de comebacks de folie, mais celui de Rafael Nadal à l'Open d'Australie 2022 fait assurément partie des plus impressionnants. Après une saison 2021 tronquée, l'Espagnol commence son année par un titre à Adélaïde, mais il ne rencontre aucun cador. À Melbourne, il est la sixième tête de série, soit son plus mauvais rang au départ d'un Grand Chelem depuis cinq ans ! Et pourtant... Pour ouvrir encore plus les portes de l'histoire, le Majorquin voit les choses en grand, en très grand, dans cet Open d'Australie pas comme les autres, empoisonné par l'affaire Djokovic. Face à Daniil Medvedev en finale, Rafa va offrir au public une dernière « remontada » d'anthologie et remporte son 21e Majeur. Légendaire !

LA RÉTRO DE LA QUINZAINE

INOXYDABLE RAFA

Débarqué en Australie presque sur la pointe des pieds, Rafael Nadal parvient à se qualifier en finale où il renverse Daniil Medvedev dans un match époustouflant. L'Espagnol, qui compte désormais 90 titres ATP, est le premier joueur masculin à dépasser la barre des 20 victoires en Grand Chelem. Il devient également le 2e joueur dans l'ère Open à remporter au moins deux fois les quatre Majeurs (performance que Novak Djokovic avait atteint à Roland-Garros 2021).

AU BOUT DE L'EFFORT

La finale dure cinq heures vingt-quatre, ce qui en fait la deuxième plus longue de l'histoire derrière celle de 2012, qui opposait Rafael Nadal (déjà !) et Novak Djokovic, finalement vainqueur en cinq heures cinquante-trois.

MEDVEDEV Y ÉTAIT PRESQUE

La série de 13 victoires consécutives de Daniil Medvedev en Grand Chelem prend fin. Intraitable pendant deux sets et demi, le Russe n'a pas su porter l'estocade finale et a vu son adversaire prendre l'ascendant physique au fur et à mesure.

NADAL DANS LA LÉGENDE, DJOKO DANS LA TOURMENTE

Les résultats sportifs du tournoi sont en partie éclipsés par la rocambolesque affaire Djokovic. Non vacciné contre le Covid-19, le Serbe se rend en Australie avec une exemption. Mais celui qui détient le record de titres dans le tournoi voit son visa annulé deux fois par les autorités australiennes et doit quitter le pays sans jouer. Son retrait fait un heureux : Salvatore Caruso, lucky loser, qui récupère sa place au dernier moment.

UN TIE BREAK FOU, FOU, FOU

En 8e de finale, le jeu décisif du 1er set entre Rafael Nadal et Adrian Mannarino dure… 28 minutes, pour se conclure 16 points à 14. Nadal sauve quatre balles de set et conclut sur sa septième. « J'ai joué quelques tie-breaks fous dans ma carrière et celui-ci en fait clairement partie », a observé l'Espagnol à la fin du match.

SERVICE COMPRIS

Matteo Berrettini est le premier Italien de l'histoire à se qualifier en demi-finale de l'Open d'Australie. Quant au Français Adrian Mannarino, il se qualifie pour la première fois de sa carrière pour la deuxième semaine à l'Open d'Australie.

JOURS DE PREMIÈRES

Maxime Cressy redonne ses lettres de noblesse à un genre en voie de disparition. Le Franco-américain, serveur volleyeur pur jus, atteint les 8es de finale à Melbourne. Il finit par rendre les armes face à Daniil Medvedev non sans avoir donné quelques migraines au Russe. Une statistique symbolise bien le tennis hyper offensif de Cressy, véritable ovni sur le circuit : en quatre rencontres dans le tournoi, le grand gaillard d'1 m 98 est monté 410 fois au filet !

LES DÉMONS DE MINUIT

La folie Kyrgios / Kokkinakis s'empare de Melbourne. Invités par les organisateurs du tournoi de double, les Australiens éliminent quatre têtes de série avant de s'imposer face à leurs compatriotes Ebden / Purcell. Ils deviennent la première paire invitée d'un Majeur à soulever le trophée.

LES ABSENTS À MELBOURNE : Roger Federer, Stan Wawrinka, Dominic Thiem.

UNE REMONTADA À LA SAUCE RAFA

Il paraît que les chats ont neuf vies... Rafael Nadal semble, lui, en avoir plutôt mille dans sa besace. À Melbourne, dans ce Grand Chelem qui lui a bien moins souri que les autres, le champion espagnol a offert un spectacle ébouriffant, des fins de matchs à suspense, puis une finale à la dramaturgie tout simplement hallucinante.

Au moment de débarquer en Australie, le Majorquin nage pourtant dans une sorte de flou tennistique. La tête de série nº 6, opérée du genou, vient de subir une pause forcée de plusieurs mois, manquant Wimbledon et l'US Open 2021. Certes, il remporte dès janvier un tournoi de préparation à Adélaïde. Mais aucun cador du circuit n'était présent et tout cela manquait sérieusement de références.

Les débuts de Rafa seront assez tranquilles à Melbourne. Après deux victoires sereines face à Giron et Hanfmann, il va lâcher un set face à Karen Khachanov avant de dominer Adrian Mannarino (qui connaissait pour l'occasion son tout premier 8e de finale en Australie). Les choses vont alors sérieusement se gâter en quart, contre Denis Shapovalov. Alors qu'il avait remporté les deux premiers sets, le Majorquin s'est retrouvé embarqué dans un thriller par un Canadien métamorphosé et de plus en plus incisif. Au bord du précipice, se plaignant de douleurs à l'estomac, Nadal a serré les dents et profité d'un léger trou d'air de Shapovalov pour s'en sortir par un trou de souris.

De ses propres mots, l'Espagnol était dans le dernier carré « sans trop savoir comment ». Sa demi-finale face à Matteo Berrettini sera pourtant un modèle de maîtrise tactique et de tennis « nadalien » : lift bondissant, première balle efficace, longueur de balles impressionnante, revers adverse martyrisé, le tout avec un minimum de fautes directes. Vainqueur en quatre manches de l'Italien, « Rafa » se retrouvait alors en finale, lui qui hésitait encore à participer au tournoi quelques semaines auparavant.

Mais le parcours du combattant n'était pas encore bouclé. La dernière marche sera – et de très loin – la plus haute à franchir lors d'une finale complètement dingue. Durant deux sets et demi, Daniil Medvedev semble intouchable. Trop fort le Moscovite, tout simplement. Ses premières balles fusent, sa régularité en fond de court est irréprochable, ses attaques de coup droit font mouche. Même quand Nadal dominait l'échange, le Russe trouvait le moyen de s'en sortir. Victorieux de ses 13 derniers matchs en Grand Chelem, il semblait sur le point d'ajouter en patron un 14e succès.

On a beau le savoir : la capacité de Rafa à ne jamais abdiquer reste une source de fascination.

Mais une rencontre de tennis ne répond parfois à aucune logique, et surtout, elle n'est jamais finie avant le dernier point. Dans les cordes, Nadal va pouvoir compter sur plusieurs grains de sable pour enrayer la machine adverse. D'abord, sur un Medvedev qui n'a pas réussi à tuer le match. Après avoir remporté les deux premières manches, le Russe s'est procuré trois balles de break à 3-2 0-40. À ce moment-là, rien ne semblait pouvoir se mettre en travers de son triomphe, et il avait une main sur le trophée. Mais ces occasions, il n'a pas réussi à les concrétiser, espérant sans doute une faute adverse qui ne viendra jamais. Et ce match que le Russe aurait probablement dû plier en trois sets va radicalement changer de physionomie.

Et Nadal changea le cours de l'histoire...

Même si on y est habitué, la force de volonté de Rafael Nadal parvient toujours à émerveiller même les observateurs les plus aigris du tennis. Largué au tableau d'affichage, le corps endolori, l'Espagnol aurait pu jeter l'éponge. Après tout, son parcours dans ce tournoi avait déjà quelque chose d'inespéré. Mais au-delà de son mental en béton armé, le Majorquin va se servir de sa tête. Dominé dans les échanges, il va avoir l'intelligence de changer de tactique, de casser le rythme, multipliant les prises de risques, les services volés et les slices roublards. Peu à peu, l'Espagnol va grignoter, grignoter... avant de prendre la main sur la rencontre. Il va s'adjuger la troisième manche, puis la quatrième. Et alors que le Russe commençait à flancher physiquement, lui a conservé sa grinta, se mettant de plus en plus à remporter les points dans sa filière longue de prédilection.

Avec son style souvent peu académique mais toujours très efficace, Medvedev a montré une fois encore qu'il était un adversaire redoutable sur le sol australien.

Daniil Medvedev ne lâchera pourtant pas l'affaire aussi facilement. Asphyxié, le Russe a bataillé comme un lion pour retrouver de l'énergie et des bouffées d'oxygène. Il s'est même montré souvent menaçant sur le service de Nadal dans l'ultime acte. Mais pour se tirer de ce guêpier, l'Espagnol a sorti une de ses armes favorites qu'il maîtrise à la perfection, son service slicé extérieur. À 5/4, Nadal a réussi le break et servi pour le match. Dans un ultime sursaut, Medvedev va recoller au score. Mais un nouveau break de Nadal juste derrière sera déterminant. Sur une dernière volée de revers à mi-court, l'Espagnol a joué le dernier coup d'une magistrale partie d'échecs de... cinq heures vingt-quatre (2/6, 6/7, 6/4, 6/4, 7/5).

« Je ne sais pas quoi dire, a confié Nadal. C'est juste incroyable. Il y a un mois et demi, je ne savais pas si je pourrais revenir et là, je suis devant vous tous avec le trophée. C'est l'un des moments les plus émouvants de ma carrière. » Épuisé, abattu, Medvedev s'est toutefois montré très élogieux envers le niveau de jeu affiché par son adversaire. « Je veux féliciter Rafa, ce qu'il a fait était incroyable.

Daniil Medvedev n'a nulle part où se cacher dans l'arène du Melbourne Park...

Avec son style souvent peu académique mais toujours très efficace, Medvedev a montré une fois encore qu'il était un adversaire redoutable sur le sol australien.

J'étais vraiment surpris. J'ai essayé de me battre mais c'était dingue comme tu as élevé ton niveau après deux sets. »

Absents pour des raisons différentes, les deux autres membres du légendaire Big Three n'ont pas hésité à louer la titanesque performance du Majorquin. « Quel match ! À mon ami et grand rival, je te félicite du fond du cœur pour être le premier joueur masculin a remporter 21 Majeurs. Il y a quelques mois, on plaisantait encore du fait d'être tous les deux sur des béquilles. Tu vas encore accomplir beaucoup de choses, j'en suis sûr, mais pour le moment, profite de cette victoire », s'enthousiasme Roger Federer, souffrant du genou et absent depuis Wimbledon 2021.

Quant à Novak Djokovic, privé de tournoi, il a félicité Nadal pour son « exploit incroyable ». « Il a fait preuve comme toujours d'une impressionnante combativité qui lui a permis de triompher une nouvelle fois », a souligné le Serbe. Des hommages de prestige pour une victoire historique : grâce à ce titre conquis de haute lutte, Rafa est le premier joueur masculin à dépasser la barre des 20 Majeurs. Il trône pour la première fois seul en tête, devant ses deux rivaux, dans la course aux Grand Chelem.

Dépassant largement le cadre du tennis, le transfert de Novak Djokovic dans un centre de rétention puis son expulsion d'Australie ont fait la une des médias du monde entier.

L'AFFAIRE DJOKOVIC

Netflix a commencé en Australie le tournage d'un docu-série sur les coulisses du tennis. La plateforme américaine a dû se frotter les mains. Car même les scénaristes les plus imaginatifs d'Hollywood auraient peiné à coucher sur le papier l'improbable thriller de l'Open d'Australie 2022. Bringuebalé au cœur d'un immense feuilleton juridico-médico-sportif, Novak Djokovic n'a pas pu participer au tournoi 2022, lui, le recordman absolu de titres (9), qui pouvait s'offrir un 21e succès en Grand Chelem.

Difficile de saisir tous les tenants d'une affaire énigmatique qui n'a pas encore révélé tous ses secrets... Mais voici en quelques dates le fil de l'histoire d'un point de vue chronologique.

4 janvier
Djokovic, qui n'a jamais communiqué sur son statut vaccinal, annonce sur les réseaux sociaux qu'il a obtenu une « exemption médicale » pour participer à l'Open d'Australie, où il vise une 10e victoire. Pour jouer à Melbourne, les participants doivent fournir un certificat de vaccination ou une exemption médicale délivrée par un panel d'experts indépendants. Cependant, le contexte sanitaire et social s'avère très tendu en Australie, où les restrictions ont été parmi les plus sévères. L'arrivée prochaine du Serbe et la polémique qui commence à enfler secouent l'opinion publique australienne.

5 janvier
Le Serbe atterrit en Australie... et les ennuis commencent immédiatement. Intercepté par la police des frontières, Djokovic se voit refuser l'entrée sur le territoire. Selon les autorités, le tenant du titre n'est pas en règle car il ne justifie pas suffisamment son exemption. Son visa est annulé et une procédure d'expulsion est lancée, devant le contraindre à quitter le territoire dès le 6 janvier. Le Premier ministre Scott Morrison, lui demande d'apporter des preuves ou de rentrer chez lui « par le premier avion ».

6 janvier
À l'issue d'une nuit d'interrogatoire à l'aéroport, Djokovic est transféré dans un centre de rétention pour migrants à Melbourne, au Park Hotel. Ses avocats font appel de la demande d'expulsion. La stupéfaction est mondiale : les médias s'emparent de l'affaire qui dépasse alors largement le cadre du tennis.

8 janvier
Les avocats de Djokovic remettent à la justice australienne un copieux dossier de 35 pages. Selon ces documents, le joueur aurait eu le 16 décembre un résultat positif à un test au Covid-19, justifiant son exemption médicale.

Jusqu'au bout, Djokovic s'est entraîné, espérant pouvoir intégrer le tableau final.

MELB

Les supporteurs de «Djoko» et la communauté serbe de Melbourne ont donné de la voix pour leur héros.

10 janvier

Le gouvernement australien subit un revers. Un juge bloque l'expulsion de Djokovic, rétablit son visa – considérant que son annulation était « déraisonnable » – et ordonne sa libération immédiate du centre de rétention. Plus tard, le Serbe poste une photo de lui à l'entraînement sur les réseaux sociaux, indiquant : « Malgré tout ce qui s'est passé, je veux rester et essayer de participer à l'Open d'Australie. » Mais l'État australien ne compte pas en rester là et l'avenir du Belgradois ne tient toujours qu'à un fil. Le ministre de l'Immigration Alex Hawke indique qu'il va évaluer la possibilité d'utiliser son « pouvoir personnel d'annulation ».

11 janvier

Plusieurs éléments mettent à mal la stratégie de défense de Djokovic. On apprend que le joueur n'a pas signalé dans le document remis à son arrivée en Australie qu'il avait effectué un déplacement en Espagne, effectué dans les 14 jours précédant son arrivée à Melbourne. Autre problème : le Serbe a accordé un entretien à des reporters de *L'Équipe* le 18 décembre... soit deux jours après avoir été testé positif au Covid. Après enquête, plusieurs journaux émettent également des doutes sur la date exacte de ce test positif.

12 janvier

Dans un long communiqué publié sur Instagram, le Serbe s'exprime pour mettre fin à ce qu'il appelle des « désinformations ». Il reconnaît plusieurs erreurs, notamment de ne pas avoir modifié son rendez-vous prévu avec les journalistes de *L'Équipe*, mais aussi ne pas avoir déclaré à son arrivée en Australie qu'il avait voyagé lors des 14 jours précédents. « Comme je l'ai expliqué aux agents du service de l'immigration à mon arrivée, cette déclaration a été remplie par mon équipe. Il s'agit d'une erreur humaine et elle n'était pas délibérée », soutient le joueur.

14 janvier

Le ministre de l'Immigration, Alex Hawke, annule à nouveau le visa du champion serbe le 14 janvier « au nom de la santé, de l'ordre public et au motif qu'il était dans l'intérêt général de le faire ». Il déclare également que sa participation au tournoi pourrait « encourager le sentiment anti-vaccination ». Les avocats de Novak Djokovic déposent un ultime recours...

16 janvier

La Cour fédérale australienne rejette le recours intenté par le Serbe contre l'annulation de son visa et son expulsion du pays. Le nonuple tenant du titre quitte alors l'Australie le jour même, dans un avion à destination de Dubaï. Nul ne sait quand il pourra revenir sur le continent océanien...

SafetyCulture

NUIT(S) DE FOLIE CHEZ LES AUSSIES

Attention, mesdames, messieurs, vos matchs seront servis show bouillant. Devenus l'attraction nº 1 à Melbourne, les Australiens Nick Kyrgios (26 ans) et Thanasi Kokkinakis (25 ans) ont électrisé tout un pays en allant jusqu'au bout du tableau de double.

Plutôt adeptes du simple*, la paire – surnommée « Special K » par la presse locale – a mystifié la concurrence et les meilleurs spécialistes de la discipline. Dans une ambiance de feu (souvent à la limite), rappelant les heures les plus animées de la Coupe Davis, Kyrgios et Kokkinakis ont battu tour à tour Alex Bolt / James McCabe, Nikola Mektic / Mate Pavic (têtes de série nº 1), Behar / Escobar (têtes de série nº 15), Tim Pütz / Michael Venus (têtes de série nº 6), Marcel Granollers / Horacio Zeballos (têtes de série nº 3).

À la surprise générale, le duo s'est donc retrouvé en finale. Mais le moins que l'on puisse dire est que les trublions australiens – et surtout Kyrgios – ne se sont pas fait que des amis le long de leur périple. « Pour rester politiquement correct, Kyrgios est un clown et un idiot », a ainsi lâché Mate Pavic. « C'était sauvage et clairement exagéré, a confié Tim Puetz après leur quart de finale. Souvent, il [Kyrgios] est un showman et je trouve cela positif. Mais ce qu'il fait entre deux services adverses, ce n'est plus pour amuser ou pour faire rire. C'est un manque de sportivité. »

Une ambiance à l'extrême limite du fair-play sans doute, et chacun se fera son avis sur le côté rafraîchissant ou délétère de ce genre de débordements. Mais les deux joueurs ont surtout montré que leur talent se conjugue à merveille lors des matchs de double. Car Kyrgios / Kokkinakis, au-delà des mouvements d'humeur, des provocations, d'un « je t'aime moi non plus » avec la foule, c'est l'assurance de points de folie, de services foudroyants de Nick, de coups droits supersoniques de Thanasi, d'un show à 200 % et à 2 000 à l'heure. Une folie douce engendrée et adorée par Nick Kyrgios. « Avec tout ce que les Australiens ont enduré ces derniers mois [le pays a vécu des restrictions sanitaires extrêmement strictes depuis l'émergence du Covid-19, ndlr], je crois qu'ils ont besoin de s'enflammer, a estimé le natif de Canberra. Ça leur fait du bien de voir des compatriotes gagner. Alors on joue pour eux. On veut faire le show pour eux. Leur plaisir est plus important que notre résultat. »

Si l'ambiance était donc électrique, elle est tout simplement devenue dingue en finale puisque le duo volcanique s'est retrouvé opposé à... des Australiens, Matthew Ebden et Max Purcell. Face à des spécialistes de la discipline et devant la pression générée par ce match, on pouvait craindre que Special K ne parviennent pas à maîtriser leurs nerfs. Mais ce fut tout l'inverse : le duo a dominé le match de la tête et des épaules, comme des vieux briscards du double, et remporté son premier titre du Grand Chelem. (7/5, 6/4). Certes, le trophée n'est pas celui du simple, mais pour les enfants du pays, c'était tout comme. « J'ai gagné de grands titres dans le monde entier, j'ai joué des matchs incroyables. Mais celui-là pour moi, je le place tout en haut », a déclaré un Kyrgios, euphorique.

« Gagner un grand chelem avec mon pote... On ne s'attendait pas du tout à ça, a renchéri son « mate » Kokkinakis. Nous nous connaissons depuis que nous avons huit ou neuf ans. On a fait de sacrés trucs ensemble, on a vécu quelques expériences dingues. Mais ce titre ici, c'est juste incroyable. »

Les deux pourront également se targuer d'avoir écrit l'histoire du tennis aussie : ils sont devenus la première paire 100 % australienne à s'imposer à Melbourne depuis Todd Woodbridge et Mark Woodforde en 1997. Mais aussi l'histoire du tennis tout simplement : jamais une paire ayant reçu une invitation n'avait remporté un Majeur en double dans l'ère Open.

*Dans le tableau de simple, Nick Kyrgios a été éliminé au 2e tour par Daniil Medvedev et Kokkinakis dès son entrée en lice face à Yannick Hanfmann.

Jeunes et iconoclastes, les deux Australiens ont d'abord fait souffler sur le tableau de double une bouffée d'air frais… qui s'est transformée en vent de folie !

LE RETOUR DU « REY »

Défait par Djokovic l'an dernier dans un des plus beaux matchs de la décennie à Roland-Garros, Rafael Nadal a récupéré sa couronne parisienne lors de l'édition 2022. Un juste retour des choses et un tournoi « business as usual » pour le roi de la terre ? Au contraire ! Si l'on excepte un cavalier seul en finale face à Casper Ruud, le Majorquin a connu une édition 2022 plus que mouvementée : blessure au pied, duel face à Djokovic dès les quarts de finale, demi-finale épique face à Zverev… Mais il en est sorti vainqueur contre vents et marées, lui le pur terrien devenu géant sur toutes les surfaces. Qu'on se le dise : Rafael Nadal a retrouvé sa couronne parisienne et il repousse encore un peu plus les limites de sa légende avec un 22e Majeur.

LA RÉTRO DE LA QUINZAINE

22, VOILÀ NADAL

Vous avez déjà lu ça quelque part, non? Rafael Nadal remporte le tournoi de Roland-Garros sur le court Philippe-Chatrier à l'issue d'une finale rondement menée. À 36 ans, l'Espagnol soulève pour la 14e fois la Coupe des Mousquetaires, et remporte un 22e tournoi du Grand Chelem. Tout bonnement époustouflant!

LE BOSS DES FINALES

Le Majorquin poursuit sa mainmise absolue sur les matchs ultimes de la quinzaine parisienne : il n'a jamais perdu en finale à Roland-Garros et n'a même concédé que 7 sets lors de ses finales (3 face à Roger Federer, 2 contre Novak Djokovic, un contre Mariano Puerta et Dominic Thiem).

LE RUUD APPRENTISSAGE

Plutôt épargné par le tirage (aucun Top 10 sur son chemin jusqu'en finale), et malgré une entrée en matière piège face à Jo-Wilfried Tsonga, Casper Ruud joue un tournoi très solide sur sa surface de prédilection. Mais pour son premier affrontement sur le circuit face à Rafael Nadal, il subit la loi de l'Espagnol et encaisse même une bulle au dernier set (6/3, 6/3, 6/0). « Il est monté en puissance et à la fin je ne savais plus où mettre la balle », avoue le Norvégien après la rencontre, se montrant philosophe : « Je pensais qu'affronter Nadal en finale de Roland-Garros était le plus grand des challenges. Maintenant, je le sais. »

LA SCANDINAVIE SUR LE DEVANT DE LA SCÈNE

Malgré cette défaite, la tête de série n° 8 écrit de nouvelles pages de l'histoire de son pays. Il est le premier Norvégien à atteindre une demi-finale puis une finale en Majeur. Avant lui, tous les records norvégiens appartenaient à... son père, Christian, ancien 39e mondial !

Un autre Scandinave brille d'ailleurs sur l'ocre parisienne, puisque Holger Rune devient le premier Danois depuis 1967 à se hisser en quarts de finale d'un Majeur.

TENNIS, TON UNIVERS IMPITOYABLE

En demi-finale, Rafael Nadal et Alexander Zverev jouent un match monumental. Alors que l'Allemand semble au moins aussi fort que son adversaire, il glisse en fond de court, se blesse grièvement à la cheville avant d'être contraint à l'abandon. Le 2e set n'était même pas terminé et l'horloge affichait déjà trois heures treize de jeu...

BLEU PÂLE

À la suite du forfait de Gaël Monfils (blessure au pied), aucun joueur français n'est tête de série : c'est une première en Grand Chelem depuis l'édition 1999 de US Open.

LA DER DE TSONGA...

Jo-Wilfried Tsonga, ex-5e mondial, tire sa révérence à l'issue de ce Roland-Garros. Il termine sa carrière au premier tour en offrant une très belle résistance au futur finaliste, Casper Ruud.

... ET DE SIMON

Gilles Simon foule également pour la dernière fois les courts des internationaux de France (le joueur ayant annoncé qu'il se retirerait du circuit en fin de saison). Et pour cette ultime apparition, le Niçois offre un festival au public : il bat pour son entrée en lice Pablo Carreno Busta, 19e mondial, lors d'une rencontre qui se termine à 1 h du matin sur le court Simonne-Mathieu, avant de remporter ensuite son 500e match en carrière face à Steve Johnson. Il est éliminé au 3e tour par Marin Cilic.

LE CILIC SLAM

Le Croate va d'ailleurs continuer sa route puisqu'il se hisse en demi-finales. Il est le 5e joueur en activité à atteindre le dernier carré de chaque Majeur... après Roger Federer, Novak Djokovic, Rafael Nadal et Andy Murray. Sacré casting !

DE LA NOUVEAUTÉ AU TABLEAU D'AFFICHAGE

La 126e édition du tournoi est la première à instaurer le super tie break au 5e set lorsque le score atteint 6-6. Ce nouveau format est rapidement étrenné, dès le premier tour, pour départager Aslan Karatsev et Camilo Ugo Carabelli. Pour la petite et la grande histoire, c'est l'Argentin issu des qualifications qui s'impose (6/3, 4/6, 6/4, 3/6, 7/6 (5)).

UN TROPHÉE TRÈS DISPUTÉ

Au terme d'un intense bras de fer et après avoir sauvé 3 balles de match, le Salvadorien Marcelo Arevalo et le Néerlandais Jean-Julien Rojer soulèvent le trophée du double messieurs en venant à bout en finale de la paire Ivan Dodig / Austin Krajicek (6/7 (4), 7/6 (5), 6/3).

FORFAITS : Roger Federer, Nick Kyrgios, Andy Murray.

Avant ce cruel épilogue, Zverev et Nadal avaient offert un duel d'exception sur le court Philippe-Chatrier.

NADAL RÉSISTE À TOUT

Quand les générations à venir jetteront un coup d'œil au palmarès du tennis de ce début de millénaire, elles croiront peut-être à une faute de frappe. Il n'en est pourtant rien : Rafael Nadal a bien remporté 14 fois Roland-Garros. 14 fois ! 14 sacres dans ce Grand Chelem si difficile, éprouvant physiquement et mentalement, rempli de pièges. Une performance quasi irréelle.

C'est peu dire pourtant que l'Espagnol n'a pas eu la partie facile à Paris cette année. Certes, son succès à l'Open d'Australie lui avait ouvert l'appétit. Certes, son grand rival, Novak Djokovic, avait connu une préparation tronquée. Et puis, depuis 2005, y a-t-il un Roland-Garros qui ne commence pas avec Rafael Nadal portant la pancarte « immense favori » sur son dos ? Tout cela était bel et bien vrai. Mais Nadal souffrait. Une souffrance qui avait un nom : le syndrome de Müller-Weiss, une maladie dégénérative rare qui touche l'os se situant à l'intérieur du pied, sous la cheville. Un mal apparu dès 2005, l'année de son premier titre à Paris.

Comme souvent, le Majorquin a profité de ses premiers tours pour réciter quelques gammes et monter en puissance. Après une entrée en matière expéditive face à Jordan Thompson, l'Espagnol avait rendez-vous avec Corentin Moutet au 2e tour. Si les deux joueurs ne s'étaient jamais affrontés, Moutet avouait avant la rencontre dormir « avec le débardeur de Nadal quand il était petit ». Le Français au jeu facétieux est un pur talent du tennis, mais rien dans sa panoplie ne peut lui permettre de fendre l'armure Nadal sur terre battue, au meilleur des cinq manches. C'est pourtant juste après ce match disputé en night session, et rapidement conclu 6/3 6/1 6/4, que l'Espagnol a vu son rêve de 14e Roland-Garros s'éloigner le plus. « Je suis arrivé à l'hôtel, je ne pouvais pratiquement plus marcher », confiera-t-il quelques jours plus tard, après son sacre parisien.

Il fallait néanmoins avoir un regard perçant d'aigle pour apercevoir des signes de souffrance chez l'Espagnol qui a corrigé le Néerlandais Botic van de Zandschulp au 3e tour. Et même s'il a été poussé à un haletant duel en cinq manches par Félix Auger-Aliassime en 8e, on sentait que le Majorquin gardait une certaine marge, qu'il était toujours capable d'avoir le dernier mot lorsqu'il souhaitait accélérer. Ses années de domination stratosphérique, lorsque les adversaires arrivaient déjà vaincus sur le court, semblaient loin. Mais tout de même, le patron, c'était toujours lui.

Rafael Nadal n'avait cependant pas le temps de se reposer ou d'analyser le match. Car l'ombre de son meilleur ennemi, Novak Djokovic, se profilait dès les quarts de finale. Comme leur demie de 2021, le match était coché dans tous les agendas de la planète, dépassant allégrement les frontières du sport, aiguisant les appétits des diffuseurs qui se disputaient ce « classico ». Toute cette agitation, les deux gladiateurs du tennis n'en avaient évidemment cure. Leur affrontement, certes moins fantastique que celui de 2021, a réservé son lot de moments de bravoure. Et Nadal a livré là peut-être son meilleur match de l'année. Djokovic, curieusement moins incisif que l'an passé, a semblé parfois accepter son destin : « C'était comme s'il manquait d'énergie, comme s'il ne croyait pas suffisamment qu'il pouvait gagner. Vous ne pouvez pas vous permettre cela contre Rafa, car c'est son tournoi », a commenté son entraîneur Goran Ivanisevic à l'issue du match. Beaucoup plus constant, Nadal est sorti vainqueur en quatre manches (se permettant au passage un rapprochement dans leurs confrontations directes, Djokovic ne menant plus désormais que 30-29).

Le chemin vers le 14e titre était cependant loin d'être terminé. En demi-finale, Alexander Zverev lui a opposé une résistance homérique. Il faut dire que sur le papier et parfois sur le terrain, l'Allemand est l'anti-Nadal par excellence : une première balle quasiment injouable, une grande taille lui permettant de ne pas être gêné par le lift bondissant du Majorquin, et un revers parmi les plus esthétiques et efficaces du circuit, capable de neutraliser la fameuse diagonale chère à l'Espagnol.

Longtemps extrêmement friable en Grand Chelem, le cadet des Zverev a connu quelques bas mais a surtout atteint des hauts vertigineux lors de cette demie. Il a fallu à Nadal une abnégation de tous les instants pour empêcher l'Allemand de s'envoler. Dans le tie break de la première manche, Zverev a ainsi mené 6/2… Un ahurissant passing de coup droit venu de nulle part a notamment permis à Nadal de s'en sortir et de remporter cette première manche sous haute tension. Le deuxième acte est parti sur les mêmes bases, avec des joueurs offrant un match au suspense époustouflant.

« Sascha » Zverev était-il le plus fort ce jour-là ? Aurait-il pu remporter cette rencontre et s'envoler vers sa deuxième finale en Majeur, voire un premier titre ? Peut-être… Mais ce ne fût pas le cas. Car le match a réservé un dénouement aussi poignant que cruel. Alors que Nadal, à l'extrême limite, servait pour arracher un tie break, son adversaire a tenté de glisser sur la terre pour rattraper un coup droit long de ligne. Sa cheville se bloqua soudainement et l'Allemand tomba au sol, en larmes en hurlant de douleur. Stupéfaction sur le Central. En larmes, Zverev quitta le court sur un fauteuil roulant, avant de revenir quelques minutes plus tard en s'appuyant sur des béquilles pour signifier son abandon à l'arbitre. Ovationné par tout le court Philippe-Chatrier, il salua la foule en retour en agitant une à une ses béquilles. L'émotion était palpable dans le public, car ce Zverev-là était du genre à pouvoir créer un exploit titanesque. L'Allemand aurait-il pu tenir ce niveau de jeu ? Ou est-ce Nadal qui aurait connu une baisse

Le duel a tourné court – 2h18 – entre le roi de la terre et le Norvégien Ruud.

physique le premier ? Nul ne le saura jamais, mais on peut juste regretter une telle issue dans un match qui partait pour devenir légendaire. Le deuxième set n'était même pas terminé et les deux joueurs en étaient à plus de trois heures de jeu (7/6 (8) 6/6)... La beauté cruelle du sport.

Mais dans tous les cas, Rafa Nadal avait fait le plus dur. Sa 30ᵉ finale en Grand Chelem sera paradoxalement son match le moins compliqué de la quinzaine. Car Casper Ruud n'a jamais réussi à rivaliser avec le roi de la terre. Joueur rigoureux, spécialiste de la terre, le Norvégien, fils de Christian Ruud (ancien 39ᵉ mondial) connaissait pour la première fois l'ivresse d'une finale de Majeur. Là où le rêve est à portée de main... mais où l'oxygène se raréfie. Et cette première va avoir tout du chemin de croix : Ruud a subi la vague Rafa de plein fouet. Écrasé par l'événement et le prestige de son adversaire (dans l'académie duquel il s'est d'ailleurs entraîné en 2017), le Scandinave a semblé jouer toute la rencontre avec le frein à main, ne réussissant jamais à mettre à profit les quelques trous d'airs espagnols. A-t-il seulement eu le temps de croire à cette finale ? Ses balles bien trop courtes n'ont jamais réussi à faire douter le Majorquin qui a martyrisé son adversaire dans la diagonale revers. Rafa n'a pas lâché sa proie ni son objectif. Enchaînant 11 jeux de suite, il a conclu son triomphe par une bulle (6/3, 6/3, 6/0).

14 titres à Roland-Garros... Huit de plus que Bjorn Borg qu'on pensait indépassable. Regarder les statistiques de Rafael Nadal à Roland-Garros, c'est se plonger dans l'irrationnel. Mais le plus étonnant dans tout cela reste que ce sacre 2022 possède quelque chose d'unique. Le pied en compote, le visage régulièrement luisant de souffrance, le coup droit parfois en berne, Nadal a souffert. Chatouillé par Félix Auger-Aliassime, défié par Djokovic, semblant parfois tout petit face à la montagne Zverev, Nadal n'a peut-être jamais autant tremblé. Mais il a résisté à tout. Le récit de son ahurissante légende parisienne n'en est que plus beau.

Le grand « Gaby » a tous les attributs du joueur moderne. Il est un des meilleurs espoirs du tennis français.

LE(S) GRAND(S) BLEU(S)

Mine de rien, cela fait deux ans de suite que la France remporte un titre en simple à Roland-Garros masculin. Certes, on ne parle « que » des juniors, des tableaux nettement moins médiatisés que ceux des « grands ». Mais tout de même : ces succès en disent long sur le réservoir du tennis tricolore. En 2021, Luca Van Assche s'était imposé, après avoir dominé un compatriote en finale, Arthur Fils. Pour cette cuvée 2022, le nouveau grand cru français s'est nommé Gabriel Debru. Première balle de mammouth, coup droit de costaud, mental de guerrier : le Grenoblois a confirmé qu'il était un des grands espoirs du tennis hexagonal en soulevant le trophée face au Belge Gilles-Arnaud Bailly.

Une victoire qui restera un beau souvenir pour ce joueur qui flirte avec les deux mètres en taille, et qui s'était déjà fait connaître l'an passé, lorsqu'à seulement 15 ans, il avait connu sa première victoire pro face à l'Italien Andrea Pellegrino (220e mondial). Au XXIe siècle, seuls trois joueurs, dont Félix Auger-Aliassime et Rafael Nadal, ont fait mieux.

Alors, le tennis français se débat-il dans la crise ? Le système de formation tricolore est-il défaillant ? Ces trophées prouveraient plutôt le contraire. Ce qui est certain, c'est que la transition juniors-pro est extrêmement délicate, et que plusieurs espoirs qui survolaient le circuit juniors n'ont jamais percé, restant condamnés à l'anonymat. Rien ne garantit à « Gaby », Luca, Arthur et tous les autres de devenir des top 100 ou top 10 en devenir. Mais alors que durant des années, le tennis bleu a été porté par une génération exceptionnelle Tsonga-Gasquet-Monfils-Simon qui sort doucement de la scène, les étincelles semblent venir réveiller timidement la flamme tricolore.

AU REVOIR ET MERCI, JO

C'est chez lui, en France, entouré de ses fidèles compagnons de la génération dorée, que Jo-Wilfried Tsonga a pu dire adieu au tennis professionnel. Diminué par des blessures depuis plusieurs années, il a joué le dernier match de sa carrière lors de ce Roland-Garros 2022. En sacré guerrier qu'il est, « Jo », monté au 5e rang mondial en 2012, a quitté la scène sur un dernier duel. Cruel, haletant, et surtout émouvant.

Opposé d'entrée à un gros poisson, Casper Ruud (futur finaliste), un des meilleurs terriens du circuit, le Manceau a bien failli surprendre son monde. Plutôt en jambes et très punchy en coup droit, le Français a chipé la première manche au nez et à la barbe de Ruud. Très loin d'être une exhibition, le match a tourné au bras de fer. Dans ce court Philippe-Chatrier baigné de lumière, on se prenait presque à rêver. Et Tsonga a même servi pour égaliser à deux manches partout dans le 4e set. Mais entre-temps, la douleur avait ressurgi. Inéluctablement. Comme un rappel que toutes les belles choses ont une fin. Incapable de servir, l'épaule droite en charpie, le Manceau a fini par courber l'échine, vaincu par ce corps qui lui a si souvent joué des misères dans sa carrière. « Les gens ont été extraordinaires avec moi, a-t-il confié. N'importe quel autre match, j'aurais abandonné, mais je me suis battu jusqu'au bout. »

En champion, le Français a eu droit à sa cérémonie sur le court, en présence de son clan, sa famille, ses proches, ses anciens entraîneurs, et évidemment Richard Gasquet, Gaël Monfils, et Gilles Simon, ses vieux compères qui ont fait briller le tennis français comme peu d'autres avant eux. Le Manceau a peiné à retenir quelques larmes alors que défilaient à l'écran les hommages des géants Federer, Nadal, Djokovic et Murray.

De Jo Tsonga, qui s'est forgé un des plus beaux palmarès du tennis français, il restera plusieurs images. Celle bien sûr du jeune loup qui explose à la face du monde à l'Open d'Australie 2008 où ses coups de raquette fendent l'air comme des uppercuts, au point de mettre Nadal K.O. debout dans une demi-finale devenue mythique. Celle aussi de ses plus belles victoires, lors des Masters 1000 de Bercy en 2008 et de Toronto 2014 (où il bat successivement, Djokovic, Murray et Federer). Sans oublier une médaille d'argent en double aux Jeux Olympiques de Londres avec « Mika » Llodra, et une Coupe Davis en 2017. Le Manceau a traîné la danse des pouces – sa célébration de victoire devenue iconique – un peu partout dans le monde, avec 18 titres ATP à son actif.

Lui manquera ce fameux titre du Grand Chelem après lequel court la France depuis 1983 et la victoire de Yannick

Noah. Sa seule finale en Majeur, à Melbourne en 2008, lui laissera sans doute à jamais des regrets, tant il semblait au moins aussi fort que Djokovic ce jour-là. Mais à l'ère de ce Big Four si intraitable, il était écrit que les autres joueurs étaient condamnés à se partager les restes. À 37 ans, « Jo » range pour de bon ses raquettes. En laissant au tennis français quelques-unes des plus belles pages de son histoire.

DJOKOVIC RESTE LE GARDIEN DU TEMPLE

Pour un glouton comme Novak Djokovic, l'attente a dû être presque insoutenable. Un an après avoir remporté son 20e Grand Chelem à Wimbledon, le Serbe a récidivé sur les courts londoniens pour en ajouter un 21e dans son armoire à trophée. Plus que jamais, Djoko, qui compte désormais 7 couronnes en terre britannique, s'affirme comme le patron du plus vieux tournoi du monde. Et ce même s'il a été sacrément bousculé dans ce tournoi, notamment par Nick Kyrgios qui a confirmé qu'il est un joueur exceptionnel quand les planètes de sa volcanique constellation s'alignent.

LA RÉTRO DE LA QUINZAINE

LE GÉANT VERT

Pour la 7e fois de sa carrière, Novak Djokovic soulève le trophée de Wimbledon. Le Serbe domine Nick Kyrgios dans une finale accrochée dans laquelle il a su rester constant. En comptant ses titres de 2019 et 2021, Djoko a remporté ses 28 derniers matchs sur le gazon anglais. Il faut remonter à 2017 et à un abandon en quarts de finale face à Tomas Berdych pour retrouver trace d'une défaite du Serbe au All England Lawn Tennis and Croquet Club.

KYRGIOS PREND RENDEZ-VOUS

Jusqu'à cette édition, Nick Kyrgios n'avait encore jamais connu la finale, ni même les demies d'un tournoi du Grand Chelem. Appliqué sur le court, apaisé en dehors, l'Australien a profité de la puissance de son service et de son sens du jeu sur gazon pour assommer ses adversaires. Quand il joue son meilleur tennis, l'enfant terrible de Canberra n'a peur de rien et fait de gros dégâts.

NADAL TOUCHÉ

Après un quart de finale palpitant face à Taylor Fritz, Rafael Nadal, touché aux abdominaux, déclare forfait avant sa demi-finale face à Nick Kyrgios. L'Espagnol n'a plus atteint la finale à Wimbledon depuis 11 ans.

NORRIE COMME CHEZ LUI

Joueur discret mais efficace, Cameron Norrie ravit le Royaume-Uni en se hissant jusque dans le dernier carré, avec notamment une victoire homérique en quart de finale face à David Goffin.

DU SANG NEUF

Un vent de fraîcheur souffle sur l'herbe parfaitement taillée des courts britanniques : cinq joueurs se qualifient pour la première fois de leur carrière pour la 2e semaine d'un Majeur : Brandon Nakashima, Tim van Rijthoven, Jason Kubler, Tommy Paul et Cameron Norrie.

COUP DE FROID

Le 3e tour entre Nick Kyrgios et Stefanos Tsitsipas, deux joueurs qui ne s'apprécient guère, est électrique. La poignée de main au filet est d'ailleurs glaciale, après la victoire de Kyrgios en quatre manches serrées (6/7(2), 6/4, 6/3, 7/6(7)). Du fait de leur comportement, le Grec et l'Australien écopent respectivement de 10 000 et 4 000 $ d'amende à l'issue du match. Des débordements qui font presque oublier que les deux ont livré un très joli match de tennis...

HURKACZ, UN PETIT TOUR ET PUIS S'EN VA

Demi-finaliste l'an passé et souvent très dangereux sur surfaces rapides, Hubert Hurkacz disparaît dès le premier tour, emporté par la fougue d'Alejandro Davidovich Fokina.

LE COVID RÔDE TOUJOURS
Le Covid fait des dégâts avant même le début du tournoi : Matteo Berrettini, finaliste sortant, Marin Cilic, finaliste en 2017 ou encore Roberto Bautista Agut doivent déclarer forfait à la suite d'un test positif.

LES CONSÉQUENCES DE LA GUERRE EN UKRAINE
Autres absents de marque : les joueurs russes et biélorusses, bannis par le tournoi à la suite de la guerre en Ukraine. Opposés à cette décision, l'ATP, la WTA et l'ITF décident de ne pas accorder de points lors de cette édition.

KUNIEDA DANS L'HISTOIRE
Shingo Kunieda rentre un peu plus dans l'histoire de son sport. Le Japonais remporte le tournoi de simple, le seul qui manquait à son palmarès. Il compte désormais 50 titres en Majeur (28 en simple, 22 en double).

UNE FOLLE FINALE EN DOUBLE
Balayés par la tornade Kyrgios / Kokkinakis en finale à Melbourne, Matthew Ebden et Max Purcell ne laissent pas passer le train une seconde fois. Les Australiens s'imposent dans le tableau de double à Wimbledon et obtiennent leur première couronne en Grand Chelem. En finale, ils viennent à bout des tenants du titre croate – Nikola Mektic et Mate Pavic – après un marathon de 5 sets et quatre heures onze de match.

LES ABSENTS : Tous les joueurs russes (dont Daniil Medvedev, Andrey Rublev, Aslan Karatsev, Karen Khachanov), Roger Federer.

LA STAT : Au cours de son 3e tour face à Jannik Sinner, John Isner devient le joueur ayant claqué le plus d'aces dans une carrière. Il bat le précédent record détenu par Ivo Karlovic (13 728). À noter que l'ATP fait le décompte des aces depuis 1991.

La précision de Djoko a encore fait mouche sur le gazon britannique.

Nick Kyrgios nageant dans un océan de frustration... C'est très souvent l'effet que provoque Novak Djokovic sur ses adversaires au tennis. Dans les matchs au long cours, le Serbe plie mais ne rompt jamais, et finit par dévorer ses rivaux.

DJOKOVIC EST-IL LE PLUS GRAND SUR GAZON ?

Et Novak Djokovic s'est tranquillement accroupi sur le Center Court pour mâchonner un brin d'herbe... Cette scène qui doit donner des migraines aux jardiniers british, les fans de tennis y sont désormais habitués. Car quand le Serbe débarque sur le gazon de Wimbledon, c'est (très) souvent pour repartir avec le trophée du vainqueur.

Cette année, il ne s'est pourtant pas montré aussi autoritaire que d'habitude. Un set concédé d'entrée face au Coréen Soonwoo Kwon, puis un autre en 8e contre le surprenant Tim van Rijthoven... on avait connu le Belgradois plus souverain lors de ses premiers tours. Opposé en quart à Jannik Sinner, Djokovic s'est même retrouvé tout proche du précipice, mené deux manches à rien, avant d'inverser la vapeur. Quant à Cameron Norrie, qui connaissait sa première demi-finale en Majeur, il a lui aussi chipé un set au maître des lieux avant d'abdiquer. La finale ne fût pas non plus de tout repos : face au tempétueux et imprévisible Nick Kyrgios, Djokovic a néanmoins maîtrisé le money time, serrant les boulons de sa mécanique de précision pour s'offrir son 7e titre sur le gazon du All England Lawn Tennis and Croquet Club.

Bousculé, oui. Mais jamais à terre. Sur le gazon londonien, le Serbe semble posséder une telle marge sur ses adversaires, que même mené, on voit mal ce qui pourrait lui arriver. « J'ai l'impression qu'il n'a rien fait d'extraordinaire, a confié Nick Kyrgios, quelque peu désabusé, au sortir de la finale. Mais il était tellement calme. Je pense que c'est sa plus grande force, il n'a jamais l'air déstabilisé. »

Chacun se fera son opinion concernant le débat du meilleur joueur de l'histoire, une question qui ne trouvera probablement jamais de réponse. Mais s'il semble impossible de contester à Nadal le titre de roi de la terre battue, Novak Djokovic est clairement entré dans la danse pour celui de maître du gazon. Le Serbe possède désormais de sérieuses références en la matière. Avec ces 7 couronnes, il égale une des plus grandes références du gazon, Pete Sampras. Il compte désormais 28 victoires de suite à Londres, seuls trois légendes sont encore devant lui : « Pistol Pete » (31), Roger Federer (40) et Bjorn Borg (41).

Alors que son jeu le prédisposait peut-être plus au ciment et à la terre battue, le Serbe est devenu une véritable machine à gagner sur herbe. Le ralentissement progressif de la surface y a sans doute

Le Serbe et l'Australien ont longtemps entretenu une relation plus que houleuse. Mais tout est oublié. Désormais en pleine « bromance » selon les mots de Kyrgios, les deux joueurs ont même lancé un pari avant la finale : le vainqueur offre un dîner au restaurant au vaincu. Deux jours plus tard, sur les réseaux sociaux, l'Australien a réclamé son dû au Serbe… qui a répondu qu'il respecterait sa promesse à New York !

Au fil des matchs, le Serbe parvient toujours à mieux lire le service adverse et à faire des miracles en retour.

Toujours bouillant mais très appliqué, Nick Kyrgios a montré à Wimbledon qu'il était de la trempe des « tout meilleurs ».

Le Serbe a reçu son 7e trophée de The Championships de la main de Kate Middleton, duchesse de Cambridge, qui possède également le titre de « Patron of the All England Lawn Tennis and Croquet Club ».

contribué, mais pas seulement. Djokovic peut s'appuyer sur une panoplie d'armes qui font des merveilles lorsque le gazon refait surface. Son service n'est pas le plus puissant, mais le Belgradois a la capacité de varier les zones pour décontenancer ses adversaires. Son retour est évidemment son gros point fort, d'autant plus qu'il s'améliore souvent en cours de match, le Serbe lisant de mieux en mieux le service adverse.

Verrait-on la patte de Goran Ivanisevic, vainqueur légendaire de Wimbledon 2001 qui épaule Djokovic depuis 2019, dans cette combinaison gagnante service-retour, si cruciale sur surfaces rapides ? Le Croate, bien placé dans le panthéon des meilleurs serveurs de l'histoire, a loué la performance de son protégé en finale face aux coups de boutoirs adverses. « Nick Kyrgios est pour moi, de loin, le meilleur serveur au monde, très imprévisible, un génie du tennis. Il faut saisir toutes les chances qui s'offrent à vous parce que vous n'en avez pas beaucoup. » Mais pour Ivanisevic, le coup d'œil du Serbe en retour lui permet de neutraliser les meilleurs canonniers du circuit. D'autant plus qu'il prête à Djokovic une capacité de résilience au-delà du commun des mortels. « Après ce qui lui est arrivé à l'Open d'Australie... Il y a des gens qui ne s'en remettraient pas, qui ne rejoueraient jamais au tennis. La façon dont lui s'en est remis, c'est héroïque. »

Héroïque, « Nole » ? Peut-être mais le plus impressionnant dans toute cette litanie de succès reste la vitesse à laquelle le Djoker s'est forgé son incroyable palmarès d'herbivore. Le natif de Belgrade est devenu un mastodonte du gazon en l'espace d'une grosse décennie. Ses 7 trophées ont été glanés sur les 11 dernières éditions seulement (2011, 2014, 2015, 2018, 2019, 2021, 2022). Dans l'intervalle, les trois autres Wimbledon ont été remportés par Andy Murray (2013 et 2016) et Roger Federer (2017)... excusez du peu ! D'autant que la moisson pourrait tout à fait se poursuivre. Le Serbe de 35 ans a laissé entendre qu'il n'était pas pressé de prendre sa retraite, que les Jeux Olympiques de Paris 2024 étaient même un véritable objectif pour lui. Jusqu'à l'olympiade parisienne au moins, il ne serait donc pas étonnant de revoir le Djoker s'accroupir tranquillement pour déguster quelques brins de gazon du Center Court. Au grand dam des jardiniers britanniques...

UNI
QLO

SHINGO, CE HÉROS

Il est moins médiatisé – hors Japon tout du moins – que les Djokovic, Federer et autres Nadal, mais Shingo Kunieda les dépasse pourtant tous. Car dans sa discipline du tennis-fauteuil, le Japonais de 38 ans est l'incontestable Greatest of All Time. Et au milieu de son immense carrière, cette édition de Wimbledon 2022 restera marquée d'une pierre blanche. En remportant le tournoi de Wimbledon, le natif de Tokyo a décroché le dernier titre majeur qui manquait à son pléthorique palmarès.

Cette victoire londonienne, Kunieda est allé la chercher au bout de lui-même lors d'une finale au couteau face au britannique Alfie Hewett (4/6, 7/5, 7/6), en plus de trois heures de jeu. Pour l'emporter, le Tokyote a bénéficié des conseils d'un certain Roger Federer. « Je lui ai demandé comment jouer sur herbe ? Il m'a répondu “Tu devrais attaquer sur tous les points. Si tu fais une erreur, pas de regrets, c'est comme ça. Voilà la clef.” »

Désormais, il trône tout seul en haut de son sport, loin au-dessus des autres, lui qui est devenu le seul joueur de l'histoire de son sport à avoir gagné tous les titres Majeurs, simple et double confondus. Il a réussi également l'exploit de faire le Grand Chelem sur deux ans, après ses victoires à l'US Open 2021, Open d'Australie et Roland-Garros 2022.

Un petit décompte s'impose pour comprendre l'étendue de ses exploits. Le Japonais compte désormais 50 titres du Grand Chelem. À l'Open d'Australie, il a remporté 11 titres en simple, 8 en double. À Roland-Garros, la balance est parfaitement équilibrée avec une rasade de 8 titres en simple comme en double. À Wimbledon, le tournoi qui lui réussit le moins, il en compte un en simple donc, et 4 en double. Enfin à l'US Open, vous pouvez ajouter un zeste de 8 simples et deux succès doubles. Bien sûr, il convient de ne pas oublier ses quatre couronnes aux Masters (3 en simple, une en double) et ses quatre médailles d'or olympiques (3 en simple, une en double). Entre 2007 et 2010, le Tokyote a remporté… 106 victoires à la suite ! Vertigineux… C'est Stéphane Houdet, un de ses plus grands rivaux, qui a mis fin à cette folle série en demi-finale du Masters.

Ce premier titre en simple à Londres sonne comme une récompense suprême pour ce joueur paralysé à l'âge de 9 ans et qui a débuté le tennis à 11 car sa mère s'était rendu compte que le centre d'entraînement japonais se trouvait non loin du domicile familial. Au pays du soleil levant, Kunieda est une immense star, que les marques s'arrachent (il collabore notamment avec Uniqlo). Ses matchs, comme ceux de sa compatriote Kamiji Yu, engendrent d'ailleurs une importante couverture médiatique et l'afflux des journalistes. Jusqu'où ira-t-il? Nul ne le sait. Son armoire à trophée débordait déjà, mais il semble qu'il en faille encore plus pour rassasier la légende Shingo Kunieda.

Shingo Kunieda est déjà devenu une légende de son sport... et sa carrière est encore loin d'être terminée.

UNI
QLO

ALCARAZ Ier, LE MONDE À SES PIEDS

Pouvait-il en être autrement ? Flamboyant depuis plus d'un an, Carlos Alcaraz a confirmé qu'il avait tout pour devenir la nouvelle terreur du circuit en remportant son premier titre du Grand Chelem à New York. L'Espagnol n'a certes pas eu la partie facile avec plusieurs matchs à rallonge et même une balle de match à sauver en quart de finale. Mais c'est bien lui qui a fini par remporter la mise, après un dernier duel haletant face à Casper Ruud… où se jouait un premier titre du Grand Chelem et la place de nº 1 mondial. Rien que ça ! « Carlitos » Alcaraz finit par arracher ces deux honneurs, devenant au passage le plus jeune joueur à occuper le trône de l'ATP. Et ce n'est sans doute que le début de l'histoire…

LA RÉTRO DE LA QUINZAINE

ALCARAZ PREND LE POUVOIR

Un an après s'être révélé à la face du monde en atteignant les quarts de finale à New York, Carlos Alcaraz fait plus fort, bien plus fort, en décrochant son premier titre du Grand Chelem. L'Espagnol anime la quinzaine grâce à des matchs de gala et une dernière semaine ébouriffante avec trois thrillers de suite face à Marin Cilic (tête de série n° 15), Jannik Sinner (tête de série n° 11, et contre lequel Alcaraz doit sauver une balle de match) puis Frances Tiafoe (tête de série n° 22). En finale, il domine Casper Ruud (tête de série n° 5) dans une rencontre extrêmement serrée. L'enjeu était doublement colossal pour l'Espagnol et le Norvégien qui jouaient à la fois pour remporter un Grand Chelem et pour la place de n° 1 mondial.

UNE FINALE À SUSPENSE

Les efforts intenses fournis par Alcaraz dans ses précédents matchs manquent de lui coûter très cher lors de cette finale. Au bord de rompre dans la troisième manche, l'Espagnol réussit à transcender la fatigue pour survoler le tie break et s'imposer en quatre sets (6/4, 2/6, 7/6 (1), 6/3).

UN SOUVERAIN RECORD

Alcaraz monte donc sur le trône de l'ATP à l'issue de cette 138e édition de US Open. Un résultat assez logique au vu de sa moisson 2022 ponctuée de deux ATP 500, de deux Masters 1000 et d'un Grand Chelem. Une performance majuscule conjuguée à l'absence de Djokovic, le calendrier assez restreint de Nadal, la blessure de Zverev, mais aussi la relative méforme de Medvedev, voire Tsitsipas. Cette accession est en tous cas un événement à plus d'un titre ! À 19 ans, 4 mois et une poignée de jours, le natif d'El Palmar rentre dans les livres d'histoire comme le plus jeune n° 1 du tennis (depuis l'élaboration du classement en août 1973). Il bat ainsi le record détenu par l'Australien Lleyton Hewitt, qui avait 20 ans lors de sa prise de pouvoir en 2021.

DES REGRETS POUR RUUD

Contrairement à Roland-Garros, Casper Ruud est loin de passer à côté de sa finale. Le Norvégien est même tout près de prendre la grande plume de l'histoire pour écrire son propre chapitre, quand à 6-5 dans le 3e set, alors qu'il possède l'ascendant dans les échanges, il se procure deux balles de sets qui peuvent faire basculer le match. Mais il ne les convertit pas et sa chance passe définitivement. « C'est la manche qui a peut-être décidé du match. C'était très serré, on était à un set partout et j'ai joué un horrible tie-break. Je n'arrivais pas à me sortir ces balles de set de la tête », confie après coup le Norvégien.

FAIR-PLAY À LA NORVÉGIENNE

Gentleman Ruud ! Alors qu'il était sérieusement malmené en début de match, et que le cœur du public penchait plutôt pour son adversaire, le joueur est resté impassible, et n'a pas hésité à rendre un point à Alcaraz, à la suite d'une balle ayant doublé et qui n'avait pas été signalée par l'arbitre. Fair-play exemplaire du Norvégien dans une finale avec des enjeux aussi importants.

ALCARAZ / SINNER : LE BLOCKBUSTER

Le quart de finale entre Alcaraz et Sinner se taille une place de choix dans les matchs de la décennie. En cinq heures quinze (oui, cinq heures quinze !), les deux joueurs sculptent un monument du tennis, fait d'inspirations géniales, de frappes féroces, d'engagement total, de rage de gagner. Un combat époustouflant au bout de la nuit avec une issue heureuse pour Alcaraz qui a eu très chaud, sauvant une balle de match de façon spectaculaire dans le 4e set. Le match (le 2e plus long dans l'histoire de l'US Open) s'est terminé à 2 h 50 du matin.

UNE ÉDITION TOUT FEU TOUT FLAMME

D'une manière générale, le tournoi connaît pléthore de rencontres à suspense et de surprises. Nick Kyrgios régale avant de s'effondrer face à Karen Khachanov, France Tiafoe fait le show pour éliminer Rafael Nadal avant de se heurter à Alcaraz.

LA DOUBLE CHUTE DE MEDVEDEV

Vainqueur en 2021, Daniil Medvedev chute dès les 8es de finale face à Kyrgios et perd sa place de no 1 mondial. Depuis 2008 et les 5 titres consécutifs de Roger Federer, aucun joueur n'est parvenu à conserver son titre à New York.

MOUTET EN FORME

Corentin Moutet accède pour la première fois de sa carrière à une deuxième semaine de Grand Chelem. Le gaucher parisien s'arrête en 8e, battu par Casper Ruud.

LE DOUBLÉ POUR RAM / SALISBURY

Rajeev Ram et Joe Salisbury doublent la mise. Le duo américano-britannique décroche un deuxième US Open en double de suite, en écartant Wesley Koolhof / Neal Skupski lors de la finale (7/6 (4), 7/5). Personne n'avait réussi à conserver son titre de double à New York depuis la paire australienne Woodbridge-Woodforde (1995-1996).

LE COACHING NE FAIT PAS L'UNANIMITÉ

Adopté par l'ATP depuis le mois de juillet, le coaching depuis les tribunes est autorisé – dans un cadre bien défini – pour la première fois dans un tournoi du Grand Chelem lors de cette édition de l'US Open. Une décision qui divise les joueurs.

LES ABSENTS

Alexander Zverev (blessé depuis Roland-Garros), Novak Djokovic (interdit d'entrer sur le territoire américain du fait de sa non-vaccination contre le Covid-19).

Un premier titre… qui en appelle forcément d'autres pour le fantastique joueur d'El Palmar, lequel bénéficie en outre d'un Big Four bien moins omnipotent. Il en profite d'ailleurs pour s'asseoir sur le trône de l'ATP, et être le plus jeune de l'histoire à le faire (battant le record de Lleyton Hewitt, qui était âgé de 20 ans, 8 mois en 2001).

© Sarah Stier/GETTY IMAGES NORTH AMERICA/Getty Images via AFP

ALCARAZ, LE TENNIS TOTAL

Avec lui, on ne sait déjà plus quel superlatif écrire, ni quelle métaphore filer. Ahurissant, prodigieux, foudroyant ? Ovni, fusée, phénomène ? Carlos Alcaraz balaie toutes les certitudes. Pourtant, force est de constater que le monde du tennis était préparé à l'impact. Car Alcaraz, c'est une comète supersonique que tout le monde a vu venir. Et qui n'a pas fini de faire parler d'elle.

L'histoire de Carlos Alcaraz Garfia (son nom complet), c'est celle d'un gamin d'El Palmar, une banlieue modeste de Murcie, dans le sud-est de l'Espagne. Deuxième d'une fratrie de 4 (il paraît que le 4e, Jaime, âgé de seulement 11 ans, est très prometteur...), Alcaraz joue ses premières balles de tennis aux alentours de 4 ans, dans le club tenu par son père. Très vite, il se trouve un compagnon de jeu parfait : le mur, face à qui il pouvait passer des heures entières. « Carlos avait déjà des qualités naturelles, une très bonne coordination et surtout une capacité à apprendre très vite », se souvient également le paternel, qui fût un ancien bon joueur au niveau national (dans le Top 40 espagnol).

Le petit Alcaraz commence alors à gagner. Au niveau local, puis départemental, puis national. Hyper sportif, il adore la compétition. À 15 ans, Juan Carlos Ferrero le prend sous son aile dans son académie de Villena, à une grosse heure de route de Murcie. Ferrero, ancien n° 1 mondial, s'occupe de fortifier ce diamant brut devenu joyau royal.

Les planètes s'alignent alors devant la trajectoire du phénomène, qui gagne son premier match sur le circuit ATP à 16 ans, à Rio, où il bat Albert Ramos Vinolas. Fait notable à signaler ? Alcaraz est alors 406e mondial, son adversaire est... un top 50 confirmé ! La machine Alcaraz commence doucement à s'emballer, faisant des ravages sur le circuit Challenger (la deuxième division du tennis masculin, en dessous de l'ATP) avant de faire son entrée dans le Top 100 une année plus tard. L'Espagnol s'adjuge son premier titre sur le circuit pro à 18 ans, à Umag (en battant Richard Gasquet en finale).

La fusée est lancée, elle va vite devenir hors de contrôle. En 2021, il écrase les qualifications à Roland-Garros (il concède 11 petits jeux en 3 matchs) et parvient à se hisser jusqu'au 3e tour du tableau final. Mais il explose véritablement à l'US Open, en atteignant les quarts de finale après avoir battu Stefanos Tsitsipas au 3e tour, en cinq sets et plus de quatre heures de jeu.

Sa précocité semble d'un autre temps, le temps des Michael Chang ou des Mats Wilander, qui gagnaient à peine sorti de l'adolescence. Au crépuscule d'une époque qui a vu les trentenaires faire main basse sur quasiment tous les Grand Chelem, et alors que seulement deux Majeurs ont été remportés par des joueurs nés dans les années 90 (Thiem et Medvedev), Alcaraz bâtit un pont entre l'insatiable génération du Big Four et la sienne. Mais dans la constellation jeunesse, son étoile brille pour le moment d'un éclat incomparable (même si Jannik Sinner ou Félix Auger-Aliassime ont le profil de futurs grands rivaux).

.e bondissant Carlitos avant sa demi-finale très serrée
ace à Frances Tiafoe.

LE PLAISIR DU JEU

Carlos Alcaraz sait tout faire. Son jeu d'attaque est ébouriffant. Son coup droit foudroyant, notamment court croisé, est capable de clouer sur place n'importe quel adversaire, et sa palette technique semble digne de Roger Federer. Sa capacité de défendre partout dans le court, de renverser des situations compromises, sa soif de gagner, sa nationalité, et son biceps saillant... Un petit air de Rafael Nadal, vous ne trouvez pas ? Et cette élasticité sur le court ne vous rappelle pas un certain Novak Djokovic ? Alcaraz serait une sorte de synthèse des trois « mutants » grâce à sa capacité de pratiquer un tennis total. Le légendaire Johan Cruyff, qui a popularisé le football total dans les années 70, disait : « J'incarne une époque où le jeu offensif était synonyme de succès et où le plaisir était une notion fondamentale. » Une pensée qui pourrait s'appliquer à Alcaraz, qui joue toutes les balles comme un chien va chercher un bâton, avec une joie enfantine de s'épanouir pleinement sur un court, prenant autant de plaisir lui-même qu'il n'en donne aux spectateurs.

Courir, Alcaraz sait aussi faire. Sur toutes les balles, même les plus désespérées. Et le plus fou ? C'est qu'il les récupère presque toutes. Ses adversaires, sidérés, ne savent pas où donner de la tête, ni quelle zone miraculeuse trouver pour épuiser ce marathonien tout terrain. Lors de cet US Open millésime 2022, l'Espagnol aura passé vingt-trois heures trente-neuf sur les courts, soit le plus grand nombre d'heures jouées dans un seul tournoi du Grand Chelem depuis 1999.

Alcaraz est donc un athlète accompli mais il est bien plus que cela. Il rejette d'ailleurs l'étiquette de prochain Nadal, tout en se montrant extrêmement élogieux envers son compatriote. « Je pense à moi, à mes progrès. Je suis de Murcie, lui de Majorque. Il est gaucher, pas moi. Quand j'étais petit, j'étais tout sauf un guerrier, j'étais petit, frêle, pas vraiment puissant. » Évidemment, l'impact médiatique des exploits de son compatriote Rafa a considérablement marqué le jeune Alcaraz. Mais il trace sa propre route, dans son style bien à lui. « Je sais qu'il n'y aura jamais un autre Rafael Nadal. Je suis Alcaraz », a-t-il martelé avec conviction.

Pour couronner cette « hagiographie », on peut ajouter que le jeune effronté veut tout gagner, et pendant des années. Il n'a d'ailleurs aucune appréhension à étaler ses ambitions. « Je ne veux pas me fixer de limites. Je veux rester n° 1 mondial pour de longues semaines, des années j'espère. Je veux jouer pour gagner les tournois. J'espère juste que l'US Open est le premier et que beaucoup vont suivre », a-t-il déclaré au quotidien *L'Équipe*. La

Le coup droit d'Alcaraz est la pierre angulaire de son jeu. Mais l'Espagnol est déjà un tennisman hyper complet.

suite risque donc de s'avérer bien compliquée pour ses rivaux, tant Alcaraz semble taillé pour triompher sur toutes les surfaces. « Je pense qu'il est à 60 % de son potentiel, estime d'ailleurs Juan Carlos Ferrero. Il peut encore améliorer beaucoup de choses. Il sait (et je le sais) que nous devons continuer de travailler. » Dur, dur pour le moral de ses futurs adversaires.

Ah, une dernière chose... Si vous le croisez, on vous conseille de vous adresser à lui en l'appelant « Carlitos » ou « Charlie ». Il n'aime guère le prénom Carlos. Au rythme supersonique où il trace son chemin, autant s'attirer ses bonnes grâces...

N'avoir que des points forts ! Son coup droit lui permet de dicter le jeu, son service et son revers sont très efficaces, et son toucher de balle fait partie des plus soyeux du circuit.

USOPEN.ORG
Emirates Airline
AMERICAN EXPRESS
ROLEX
1:13

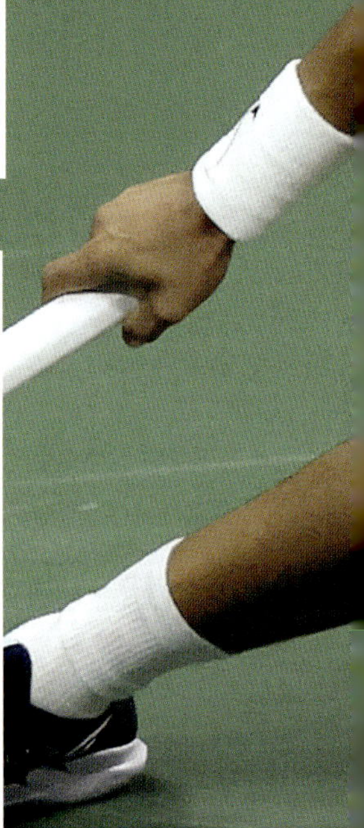

USOPEN.ORG
ates Airline
ROLEX
2:22

Carlos Alcaraz est partout. L'Espagnol frappe fort, possède une bonne main et un mental d'airain. Mais il est surtout capable de remettre toutes les balles dans toutes les positions. Au grand désespoir de ses rivaux.

Comme Ons Jabeur chez les dames, Casper Ruud a joué et perdu deux finales de Grand Chelem en 2022.

IL FAUT ÊTRE DEUX POUR FAIRE UNE BELLE FINALE

En observant le point rendu par Casper Ruud en finale de l'US Open, à 4-3 premier set, l'Américain Reilly Opelka a dégainé son téléphone pour commenter sur Twitter : « Pas surpris du tout. Ce gars a toujours la classe. » Oui, Casper Ruud a « la classe ». Au beau milieu de l'immense chaos d'une finale de Grand Chelem, alors que le thermomètre du stress atteint des sommets vertigineux, le Norvégien est resté droit et honnête. Le point n'aurait sans doute pas changé l'issue du match. Mais les faits sont là : Ruud a fait preuve de fair-play dans une des journées les plus stressantes de sa carrière.

C'est bien connu : il faut être deux pour faire une belle finale et Casper Ruud a plus que pris sa part dans les débats. Mine de rien, son parcours new-yorkais force également le respect. Après une mise en bouche contre Kyle Edmund, il a dû enchaîner un duel face à Tim van Rijthoven (un sacré poison sur surfaces rapides) avec un 3e tour acharné face à Tommy Paul, qui vit la meilleure saison de sa carrière. En 8e, sa victoire aux dépens de Corentin Moutet n'allait pas non plus de soi tant le Français est un joueur facétieux, talentueux, et atypique. Ruud a ensuite montré ses muscles en infligeant une correction à Matteo Berrettini en quart (6/1, 6/4, 7/6(4)). Son adversaire en demi-finale, Karen Khachanov, pouvait sembler très abordable à ce stade de la compétition, mais le Russe venait de mettre fin aux rêves de Nick Kyrgios, qui avait lui-même une bonne tête de finaliste. Après un succès en quatre manches, Ruud obtenait sa qualification pour sa deuxième finale de Grand Chelem de l'année, et il se retrouvait à trois manches de devenir le premier Norvégien à remporter un Majeur, et à conquérir le trône mondial.

Un défi somptueux… et l'occasion de tordre le cou à sa douloureuse expérience parisienne. Car le Scandinave était passé complètement à côté de sa première finale majeure du côté de la porte d'Auteuil. Mais cette fois, plus de Nadal en face, plus de titan ou de héros de jeunesse. « Je n'avais pas à affronter ma plus grande idole pour le match le plus important de ma vie, a avoué d'ailleurs Ruud. C'était plus facile de penser que je pouvais gagner. Ce n'était pas facile mais j'y croyais davantage. Je pense que ces deux tournois ont renforcé ma conviction que je pouvais gagner un Grand Chelem. »

Pour conquérir ce Graal, le Norvégien peut compter sur sa constance dans les échanges. Il n'est pas le joueur le plus spectaculaire du circuit ? Peut-être, mais il est tout de même diablement efficace. Ruud impressionne également par sa

ARCTIC
YONEX
YONEX

capacité d'adaptation. Le voir bien jouer à Roland-Garros, lui qui est un spécialiste de la terre, n'a rien d'exceptionnel. Assister à sa progression véloce sur surfaces rapides est une autre paire de manches. « Honnêtement, je suis un peu surpris. J'ai beaucoup développé mon jeu sur dur depuis deux ans et je crois que le tournoi de Miami cette année [finale perdue contre Carlos Alcaraz, ndlr] m'a montré que je pouvais battre de grands joueurs et aller loin aussi sur cette surface. Ça a été un supplément de confiance pour moi. »

Mais le zeste de confiance, c'est peut-être justement ce qui a manqué au Norvégien pour entrer de plain-pied dans la légende. Car ce match face à Carlos Alcaraz, Ruud aurait très bien pu le gagner. Pourtant, au moment d'envoyer son adversaire dans les cordes, avec deux balles de 3e set à 6-5, le Scandinave n'a pas forcé son destin, retenant son bras. « J'ai peut-être été un peu trop passif sur la première », concédait-il d'ailleurs. Ruud devait alors complètement rater son tie break et sa chance était passée. Pour cette fois, en tous cas.

Au moment de recevoir le trophée, le néo n o 2 mondial ne s'est pas attardé sur sa performance, ni sur sa superbe saison, ni même sur sa déception de n'avoir pas fait mieux. Il a surtout évoqué son admiration pour le parcours de son bourreau, Carlos Alcaraz. La classe, encore. Gentleman Ruud jusqu'au bout.

Le duel a été intense entre le Norvégien et l'Espagnol, mais ce dernier a fini par avoir le dernier mot.

MASTERS 1000 ET ATP 500

LE CHANGEMENT, C'EST MAINTENANT !

Carlos Alcaraz n'en croit pas ses yeux et ses oreilles, mais l'Espagnol vient pourtant de remporter son premier titre en Masters 1000, à Miami.

Les durs de durs du Big Three ne lâchent – quasiment – pas l'affaire en Grand Chelem ? Qu'à cela ne tienne, les autres cadors du tennis mondial sont partis à l'assaut des Masters 1000. Au programme de cette année, pas moins de 4 nouveaux vainqueurs dans cette catégorie : Taylor Fritz, Palo Carreno Busta, Borna Coric, et un Carlos Alcaraz fonçant à toute vitesse vers les sommets ATP.

INDIAN WELLS / MIAMI : FRITZ RENVERSE « L'INVINCIBLE »

Il fallait se frotter les yeux pour y croire, mais tel était bien le cas. À 36 ans et après une année 2021 tronquée de moitié, Rafael Nadal a débarqué en finale d'Indian Wells en affichant un bilan immaculé de 20 victoires en vingt matchs (plus une victoire par forfait à Adélaïde). Colossal. L'Espagnol règne à nouveau sur la planète tennis et lorgne sur ce Masters 1000 qu'il n'a pas remporté depuis 2013. Pourtant, le Majorquin va tomber sur un os dans le désert californien, un os d'1 m 96 nommé Taylor Fritz. L'Américain, enfant de la balle (son père est un ancien joueur pro, et sa mère, Kathy May, a fait partie du Top 10 WTA dans les années 70), n'était pas attendu si loin dans le tableau. Mais année après année, il confirme ses progrès et sa capacité à rivaliser avec les « tout meilleurs ».

On a pourtant bien cru que cette finale n'aurait même pas lieu. Fritz avait terminé son impressionnante demi-finale face à Rublev sur les rotules, blessé à la cheville. Les images de son entraînement du matin, écourté, ne présageaient rien de bon. Pas grand-monde ne le voyait alors rivaliser avec l'invincible patron du début de saison.

Mais une autre donnée s'est ajoutée à l'équation : Nadal, aussi, était sérieusement diminué. L'homme aux 21 Grand Chelem avait souffert lors son match précédent face à Alcaraz. Et contre Fritz, l'Espagnol, manipulé à plusieurs reprises par le kiné, a fait son âge, notamment au service. Le vieux lion n'est pas parti sans combattre, bien sûr. Mais Fritz a gardé son sang-froid, ne se laissant pas intimider, ni par le prestige, ni par l'état physique de son adversaire. Bien aidé par un coup droit percutant, le Californien s'est offert sa première victoire contre un membre du Big Three (après 5 défaites contre Djokovic, deux contre Federer, une contre Nadal), et surtout son plus beau titre ATP, le 2e de sa carrière après Eastbourne, à domicile qui plus est, lui qui a grandi près de San Diego, à deux heures de route d'Indian Wells.

« C'est un rêve d'enfant qui se réalise, a déclaré Fritz. Je n'arrive pas à croire que j'ai pu jouer comme j'ai joué aujourd'hui parce que j'ai ressenti la pire douleur imaginable à l'entrainement. J'ai hurlé. La souffrance était atroce. Beaucoup de membres de mon équipe ne voulaient pas que je joue ce match. Puis finalement je n'ai pas été gêné durant le match. » Le sacre du Californien tombe à pic pour un tennis américain moribond depuis plusieurs années mais qui retrouve des couleurs sous l'impulsion d'une génération emmenée par Fritz, Frances Tiafoe, Reilly Opelka, Sebastian Korda ou encore Brandon Nakashima.

Taylor Fritz a vécu un véritable conte de fée dans la vallée de Coachella. Le Californien de naissance, vainqueur à Indian Wells, allait souvent assister à ce tournoi avec son père lorsqu'il était plus jeune. « C'est ma deuxième maison. J'ai beaucoup de famille ici », a-t-il confié.

ALCARAZ, LE PÉRIL JEUNE

Annoncé depuis plusieurs mois, l'ouragan Carlos Alcaraz n'a pas mis bien longtemps à frapper de plein fouet les côtes du tennis. Épatant à l'US Open 2021 puis vainqueur en février de l'ATP 500 de Rio, le prodige de Murcie a décidé de sauter les marches de la grandeur quatre par quatre en remportant le Masters 1000 de Miami. Malgré un début de match poussif (breaké d'entrée), le protégé de Juan Carlos Ferrero a pris peu à peu la mesure du Norvégien Casper Ruud, pourtant pas le plus maladroit des joueurs sur terre battue. Mais la vista de l'Espagnol en coup droit lui a permis de faire basculer la première manche avant de dominer la seconde de manière autoritaire face à un adversaire diminué par une blessure à la hanche.

À 18 ans et 10 mois, Carlos Alcaraz est devenu le plus jeune joueur de l'histoire à remporter le tournoi de Miami (détrônant un certain Serbe nommé Novak Djokovic), en étant loin de jouer son meilleur tennis... c'est vous dire le potentiel ! Mais Carlos Alcaraz, c'est l'histoire d'une pépite programmée pour tout gagner. Souvent comparé à Rafael Nadal avec lequel il partage la même nationalité, le Murcien s'estime pourtant plus proche de Roger Federer dans le jeu, préférant l'offensive à tout va du fond de court plutôt que de défendre loin

Contrairement à la tradition espagnole, Alcaraz est très à l'aise sur toutes les surfaces.

de sa ligne. Avec lui, le jeu des comparaisons n'a cependant pas vraiment de sens car l'Espagnol sait tout faire, tout, vite et bien, dans son propre style. Sa première balle détonne, ses coups droits fusent dans tout le court, son toucher de balle sur amortie est délicieux, son jeu de jambes est un des plus impressionnants du circuit, et physiquement, sa résistance est déjà exceptionnelle.

Par ailleurs, non seulement Alcaraz est (très) fort mais il est aussi un aimant à grand match. Le Murcien, véritable machine à hot shot, a tout pour régaler le public. Les diffuseurs et les organisateurs ne s'y trompent pas en lui réservant déjà les plus grands courts. Alors qu'il n'avait pas encore remporté l'US Open, le joueur voyait déjà son destin devenir « royal » : après sa victoire en Floride, le roi d'Espagne a tenu à l'appeler personnellement pour le féliciter. Ça vous pèse un homme… qui, en l'occurrence, reste encore à peine sorti de l'adolescence. « J'étais plus nerveux pour cet appel que pour le match. C'est assez incroyable de se dire que le roi d'Espagne s'intéresse à votre travail ! »

MONACO / ROME : LES CADORS SE PARTAGENT LE BUTIN

Battu en demie à Melbourne et à Acapulco, mais aussi en finale à Rotterdam, Stefanos Tsitsipas n'a pas laissé passer sa chance de redevenir le Prince du Rocher à Monte-Carlo. Le Grec, déjà titré en 2021, s'est adjugé une deuxième couronne monégasque d'affilée dans ce tournoi qui lui réussit à merveille. Il a terrassé en finale un Espagnol... mais pas celui (ou ceux) qu'on attendait. Au terme d'une semaine bien remplie, avec notamment un succès de prestige face à Djokovic, c'est en effet le jeune Alejandro Davidovich Fokina qui s'est hissé presque tout en haut du Rocher.

Pour sa première finale ATP, « Foki » n'a pas démérité, loin de là. Contreur spectaculaire et joueur exalté, il n'a pas hésité à aller chercher le soutien du public pour l'encourager et mettre la pression sur Tsitsipas. Mais le Grec en a vu d'autres. Il n'est plus un Next Gen, un espoir prometteur. Non, il est un cador du circuit désormais bien rompu à ce genre de joutes. Toujours très à l'aise sur terre, le

Stefanos Tsitsipas chérit son deuxième trophée monégasque. Le Grec a vécu une saison paradoxale où il a tenu son rang de solide top 10 mais sans victoire marquante... à l'exception de celle-ci !

5e mondial a d'abord déroulé son tennis avant de dompter la fougue espagnole en fin de partie, se montrant plein de sang-froid dans les moments chauds. Une victoire au caractère en deux manches : (6/3, 7/6(3)). « C'est deux fois plus spécial que mon premier titre ici, a souligné le natif d'Athènes. J'ai vécu le tournoi avec beaucoup plus d'intensité cette année avec le public. Les choses n'allaient pas bien à un moment donné, mais j'ai réussi à rester calme pour terminer le match. Je suis vraiment fier d'avoir cru autant en mon jeu. Parfois on doute de soi, mais c'est important de garder la tête haute. »

« Ce fut une expérience extraordinaire. J'ai apprécié chaque jour ici. Je suis si fatigué... Battre Djoko, des joueurs en forme... mon corps est au plus bas, là. C'est beaucoup d'émotion. Peut-être ai-je besoin d'une bière maintenant », a lâché l'Espagnol avec un sourire.

Pour Tsitsipas, ce trophée face aux flots azurs de la Principauté lui a permis de se rassurer avec un premier titre depuis mai 2021 et le tournoi de Lyon. Mais aussi de rejoindre quelques légendes de la balle jaune. Avant lui, seuls Ilie Nastase (1971-1973), Björn Borg (1979-1980), Thomas Muster (1995-1996), Juan Carlos Ferrero et (évidemment) Rafael Nadal (2005-2012 et 2016-2018) étaient parvenus à conserver leur couronne en Principauté.

Le Grec aurait pu s'offrir un somptueux doublé à Rome, mais Novak Djokovic en a décidé autrement. Après ses mésaventures australes, le Serbe a coupé plusieurs semaines pour recharger les batteries et se refaire une santé émotionnelle. Il lui a fallu un peu de temps pour retrouver tous ses automatismes, mais dans la capitale italienne, il a récité ses gammes à la perfection, ponctuées d'un concerto en mode soliste lors de la finale face à Tsitsipas. Ce remake de celle

Novak Djokovic a réussi à retrouver la lumière à Rome, dans une saison remplie d'ombres.

de Roland-Garros 2021 exhalait un doux parfum de revanche... mais la conclusion sera identique.

Face à un Djoko qui avait activé le mode rouleau compresseur, le Grec a pris une bulle dans la première manche. Nettement plus fringuant dans la 2e, Tsitsipas avait même le break en poche, mais Djoko a poussé le champignon pour revenir à temps et maîtriser le jeu décisif. « Après tout ce qui s'est passé au début de l'année, il était important pour moi de gagner un gros titre. Je ne pouvais vraiment pas rêver d'une meilleure semaine », a confié le Serbe, qui n'aura pas lâché un set de la semaine. Et qui continue à remplir consciencieusement son armoire (manoir) à trophée, avec un 87e titre, dont 38 en Masters 1000 (record absolu).

Entre temps, Carlos Alcaraz a encore fait des siennes. La comète de Murcie continue de traverser l'espace et le temps, grillant les étapes, engloutissant ses adversaires et les records de précocité. Alors que d'autres mieux installés sont encore en recherche de grands titres, l'Espagnol poursuit son ascension aussi fulgurante qu'irrésistible et a remporté un 2e Masters 1000 en moins d'un mois. Et tout ça en augmentant encore le curseur. Déjà à Miami, son parcours était digne d'éloges. À Madrid, il est devenu stupéfiant. Le Murcien s'est offert un menu de restaurant 3 étoiles avec Rafael Nadal en entrée (quart de finale), Novak Djokovic en plat de résistance (lors d'une demi-finale absolument épique), et un dessert nommé Alexander Zverev avalé à toute vitesse dans une finale qui a duré à peine plus d'une heure (62 minutes).

La prodigieuse élasticité du Serbe lui a permis de neutraliser le jeu offensif de Stefanos Tsitsipas en finale.

Complètement submergé par le tennis total de l'Espagnol, l'Allemand a aussi pointé du doigt la programmation du tournoi espagnol, clairement à son désavantage selon lui. Et pour cause : vendredi comme samedi, le cadet des Zverev a été programmé en dernier match sur le Central madrilène, bouclant son quart à minuit passé, et sa demi-finale au-delà d'une heure du matin. Pas de quoi débuter sereinement une finale face à la nouvelle superstar locale... Mais, fair-play, le natif de Hambourg a résumé la pensée de beaucoup de monde en lâchant avec un mélange de respect, d'humour et de dépit : « Actuellement, tu es le meilleur joueur du monde, tout simplement. Même si tu n'as encore que cinq ans, tu nous bats déjà tous. »

Autant dire qu'avec Alcaraz, la machine à stats s'affole. Quatre jours seulement après ses 19 ans, l'Espagnol s'est offert son ticket pour le Top 10 du classement ATP, devenant le plus jeune joueur à intégrer ce club select depuis un compatriote au palmarès assez prestigieux, un certain Rafael Nadal, en 2005. Il est aussi le premier joueur à terrasser le Majorquin et Novak Djokovic dans le même tournoi sur terre battue. Jamais aussi fort que lorsque la pression est à son maximum, il a remporté à la Caja Magica son 5e trophée en autant de finales (il est d'ailleurs le plus jeune vainqueur du tournoi devant... Nadal, qui avait alors 19 ans et 5 mois en 2005). Cerise ultime sur un gâteau déjà bien garni : il est le premier à épingler trois top 5 dans un tournoi ATP, depuis la création de l'ATP Tour en 1990. Le plus inquiétant dans tout ça pour ses adversaires ? La carrière du Murcien ne fait que commencer.

S'il n'a pas caché sa colère face à la programmation du tournoi, « Sacha » Zverev a reconnu que son adversaire était le plus fort… et qu'il méritait une coupe de champagne.

À 31 ans, l'Asturien Pablo Carreno Busta s'est offert le 7e titre ATP de sa carrière (et de loin le plus beau).

Le tennis de « PCB » n'est pas le plus spectaculaire, mais sa qualité de déplacement, son coup d'œil en retour et ses prises de balles précoces en font un joueur extrêmement dangereux, notamment sur surfaces rapides.

MONTRÉAL / CINCINNATI : UNE DOUBLE RATION DE SURPRISES

Avouons-le, il fallait être un devin sacrément perspicace pour deviner à l'avance les résultats de la tournée nord-américaine. On attendait beaucoup Daniil Medvedev ou un gros serveur, mais c'est l'Espagnol Pablo Carreno Busta qui a empoché la mise et, de loin, le plus beau titre de sa carrière. Le natif de Gijon se plaît bien sur le ciment nord-américain, lui qui avait déjà atteint deux fois les demies à l'Us Open.

Résilience, intensité, longueur de balle, intelligence de jeu... l'Espagnol a étalé toute sa panoplie pour surclasser ses adversaires de début de tournoi. Davantage bousculé en quarts et en demies, il s'en est néanmoins sorti avant de parachever son œuvre avec une ultime victoire face à Hubert Hurkacz. Le Polonais a pourtant verrouillé la première manche grâce à son service, mais le vent a tourné dès le début du deuxième acte. Carreno Busta s'est habitué aux coups de canons adverses, réglant la mire sur ses jeux de retour. En état de grâce, il a écœuré Hurkacz par sa solidité pour s'imposer (3/6, 6/3, 6/3). Une sacrée consécration pour le joueur de 31 ans, dans l'ombre envahissante des Nadal, Ferrer et autres Alcaraz et qui a brusquement accaparé toute la lumière.

L'Espagnol redescend pourtant brutalement de son nuage à Cincinnati, où il perd d'entrée face à Kecmanovic. Mais une autre sensation prend sa place. Disparu des radars depuis plusieurs mois, Borna Coric vit une semaine de rêve dans l'Ohio et a dû mettre au supplice bon nombre de parieurs. Qui en effet aurait misé un denier sur le Croate ? Jeune joueur extrêmement brillant, aux portes du Top 10 en 2018 (12e mondial), il avait peu à peu disparu de la circulation, miné par les blessures. Et puis, le revoilà. Le plus fou dans tout ça ? Le natif de Zagreb n'a pas forcément bénéficié de surprises, de circonstances exceptionnelles ou d'un tableau hyper favorable. Dès son 2e tour, il a fait comprendre à tout le monde qu'il était en feu en s'offrant Rafael Nadal (qui n'avait plus joué depuis son abandon à Wimbledon). Après Roberto Bautista Agut (19e), Félix Auger-Aliassime (9e) et Cameron Norrie (11e), Coric a maîtrisé Stefanos Tsitsipas, 7e mondial en finale (7/6(0), 6/2). Précis, véloce, agressif, impeccable en revers, le Croate était tout simplement le plus fort. « Pour être honnête, je n'étais pas préparé à tenir un discours de victoire il y a 5 jours, a avoué le Croate. Je pensais que j'allais perdre au 1er tour. »

En une semaine, Borna Coric a remonté le temps : 152e mondial avant le tournoi, il a bondi de 123 places, il a retrouvé son rang dans le Top 50 ATP, là où il apparaissait avant ses blessures. Et pour la petite histoire, il en a profité pour faire tomber un record qui tenait donc depuis 26 ans. Le Croate est devenu le joueur le plus mal classé à s'imposer dans cette catégorie de tournois depuis l'improbable victoire de Roberto Carretero, 143e mondial, à Hambourg en 1996.

C'est une victoire sidérante. Éloigné de son meilleur niveau par des blessures, redescendu à la 278e mondiale au mois de mai, Borna Coric a conquis son 1er Masters 1000 dans l'Ohio. « C'est une sensation incroyable, et j'ai juste envie de la savourer », a confié le Croate.

Au terme d'une semaine folle, Coric a exorcisé ses démons physiques, épinglant sur sa route trois top 10 (Nadal, Tsitsipas, Auger-Aliassime) plus le 11e mondial (Norrie). Bilan comptable : 123 places de gagnées en un seul tournoi !

LA LÉGENDE DES SIÈCLES

Novak Djokovic et Rafael Nadal ont dû se sentir tout drôle le 15 septembre en milieu d'après-midi. Et plus globalement, la planète tennis s'est figée quelques instants. Par une vidéo publiée sur les réseaux sociaux, Roger Federer a annoncé ce que beaucoup redoutaient depuis des années : il mettait un terme à sa carrière. Miné par les blessures aux genoux, le Suisse ne se sentait plus compétitif, plus en mesure de rivaliser avec les meilleurs, plus en mesure de remporter de grands titres. L'homme au 20 titres du Grand Chelem et à la popularité inégalée disait tout simplement « Stop ».

Mais ce n'est pas le genre de la maison de partir sans un au revoir en bonne et due forme. Le Suisse a donc tiré le rideau de sa carrière professionnelle là où il le voulait, à Londres, une ville qui lui est chère, lors de la Laver Cup, « son bébé ». Cerise sur le gâteau d'adieu : il était entouré pour l'occasion de ses plus grands rivaux, le légendaire Big Four. Rafael Nadal, Novak Djokovic, Andy Murray... Ils avaient tous répondu à l'appel pour cette « der des ders » de Federer. Un casting de rêve agrémenté d'une armada de stars qui ont complété l'équipe Europe (Stefanos Tsitsipas, Casper Ruud) et l'équipe Monde (Félix Auger-Aliassime, Frances Tiafoe, Taylor Fritz).

Les statistiques retiendront que le dernier match de « Fed Ex » s'est soldé par une défaite. Réunis en double, Federer et Nadal, les deux ennemis du court devenus amis dans la vie, ont fait équipe une ultime fois le vendredi, mais malgré une balle de match dans le super tie break, ils ont perdu face à Sock / Tiafoe. Pas de quoi entamer la communion avec le public et les fans du monde entier, qui ont pu assister à des matchs de grande qualité et à un tourbillon d'émotions.

Mais voilà, c'est fini... « Rodgeur » n'est plus un joueur de tennis. La retraite de Federer, c'est le début de la fin d'une ère dorée pour le tennis. Le crépuscule brûlant d'une époque de légende qui a vu éclore ce Suisse boulimique de victoires et qui trustait tous les records, puis la naissance de deux autres titans à ses côtés, Nadal et Djokovic. Ce qui pouvait paraître difficile à croire il y a encore quelques années est pourtant bien vrai : Roger Federer n'est pas celui des trois qui a le plus beau palmarès (en termes de titres Majeurs en tout cas).

Qu'importe au fond, il restera le plaisir, le plaisir d'avoir pu jouer, celui qui transcendait le jeu, le rendait beau. Si Carlos Alcaraz fait office de synthèse entre les trois géants du Big Three, Federer représentait un pont entre deux mondes, le tennis ancien et le moderne. En 24 ans de carrière, Roger Federer a eu l'occasion

Les larmes ont coulé dans l'O2 Arena. Sur les joues de Federer mais aussi dans le public venu en nombre assister au dernier match de la légende vivante de son sport.

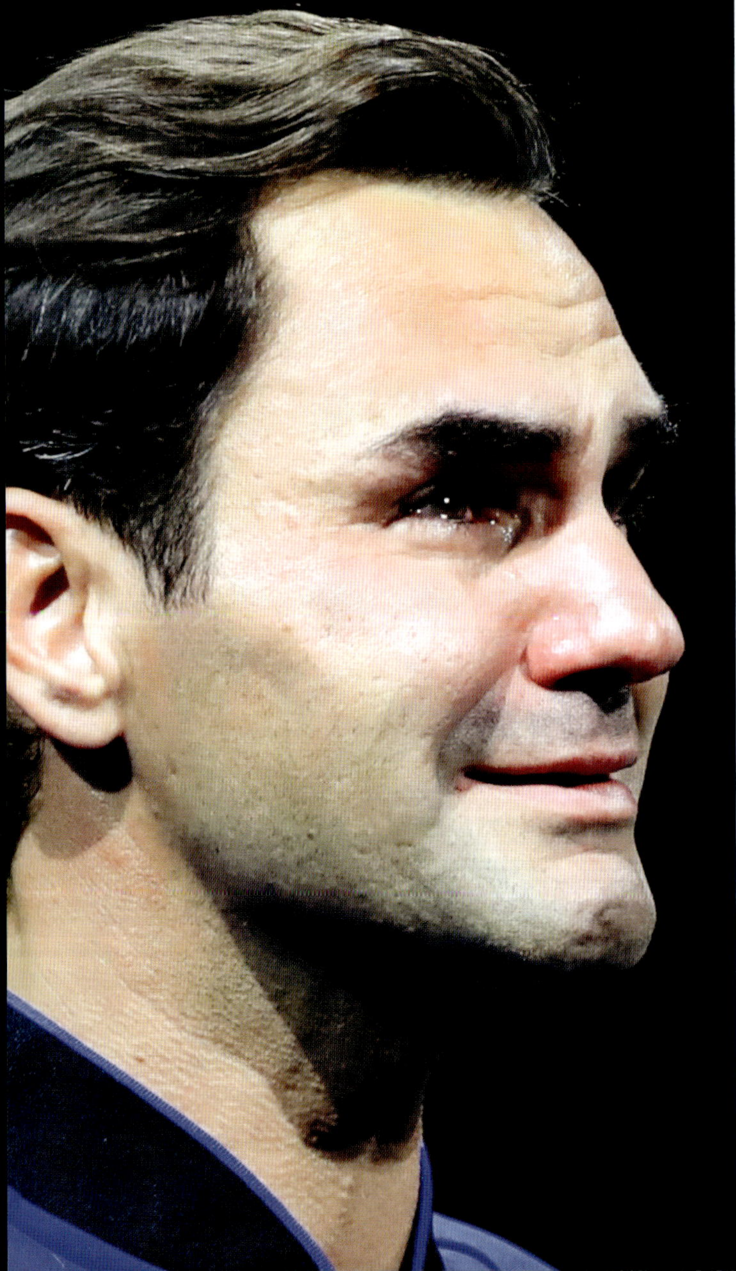

de croiser le fer avec des joueurs dont le style paraitrait délicieusement suranné aujourd'hui. Son ADN tennistique en était d'ailleurs un témoin : s'il était surtout un attaquant de fond de court, le Suisse n'a jamais caché son attirance pour le service-volée et les chips and charge old school. Le tennis d'une autre époque qu'il a toujours apprécié, lui qui connaissait parfaitement l'histoire de ce sport.

Le Bâlois était un fabuleux compétiteur mais il était surtout une machine à faire rêver les gens. Avec le temps, il était devenu bien plus qu'un joueur : une icône, une tête de gondole de son sport, presque un demi-dieu. De jouvenceau briseur de raquettes et impulsif à ses débuts, il avait réussi à se muer en modèle de sang-froid et d'élégance. Rodgeur, c'était les Beatles ET les Rolling Stones. Il part faire une exhibition au Mexique avec Zverev en 2019 ? Il pulvérise le record d'affluence pour un match de tennis, avec des scènes dignes de concert de rock. Rebelote lorsqu'il organise un match caritatif avec Nadal en Afrique du Sud, un an plus tard. La liesse est totale, tout le monde veut approcher les deux monstres sacrés du tennis. Sur le circuit, combien de joueurs ont dû subir l'hostilité de la foule alors qu'ils rencontraient le Suisse (parfois même quand ils jouaient à domicile) ? À l'instar de Serena Williams, son aura a transcendé le tennis et dans sa loge, on retrouvait des personnalités médiatiques de tout horizon. La pureté de son jeu inspirait les artistes, les écrivains, les cinéastes.

La Laver Cup a été l'occasion de revoir pour la dernière fois le style du Suisse, mélange de perfection technique et de relâchement naturel.

La pureté du jeu de Federer, son élégance féline sur un court, ont fait de lui le chouchou des foules dans le monde entier.

I HAVEN'T
SEEN GOD
BUT I SAW
FEDERER

Allez Roger!

Le Suisse a refermé le livre de son immense carrière. Mais il l'a promis : il ne sera pas un « fantôme » et il ne quittera pas le monde du tennis. « Je laisse le tennis en de bonnes mains : la nouvelle génération est la plus puissante, la plus rapid e et la plus athlétique qui ait jamais existé, a-t-il souligné.

Invité à se prononcer sur le fait d'avoir « osé » battre l'Helvète pour son dernier match, Frances Tiafoe a répondu avec un mélange d'honnêteté et d'humour : « Je ne m'excuserai pas d'avoir battu Federer. Lui a beaucoup à s'excuser après avoir battu tout le monde sur le circuit sur les 24 dernières années. » Et c'est vrai que Federer a fait des dégâts dans sa carrière avec 1 251 victoires sur le circuit (pour 1 526 matchs au total). Pourtant, si on excepte la Laver Cup, il aura terminé sa carrière professionnelle sur un 6/0 face à Hubert Hurkacz à Wimbledon 2021. Une fin curieuse pour un joueur qui a passé son temps à martyriser la quasi-totalité de ses adversaires. Mais paradoxalement, il était devenu sans doute encore plus admiré lorsque sa période d'ultra domination – au milieu des années 2000 – a pris fin. Car Federer, c'est d'immenses victoires mais aussi de cruelles défaites, entrées dans l'histoire du jeu (la finale de Wimbledon 2008, celle de l'Open d'Australie 2009 ou bien sûr Wimbledon 2019).

Résumons tout de même pour finir : Roger Federer, c'est 20 Grand Chelem (6 Open d'Australie, 1 Roland-Garros, 8 Wimbledon, 5 US Open), 6 ATP Masters (record absolu), 103 titres professionnels et un comeback monumental en 2017, alors que beaucoup voyaient déjà sa carrière terminée. Mais c'est aussi beaucoup plus que ça. Il y a ce que les livres d'histoire vous diront, et puis il y a le reste. L'indicible, la magie, la lumière. Le tennis ne sera plus le même sans Roger Federer. On a longtemps cru que le Suisse avait vaincu le temps lui-même. Non, Roger Federer n'est pas éternel et sa carrière est terminée. Mais sa légende, elle, ne s'éteindra jamais.

Frances Tiafoe a été le grand bonhomme de ce titre du côté du Reste du monde. Sur la lancée d'un US Open de folie, « Big Foe » a joué à un très haut niveau avec ce petit supplément de confiance qui fait la différente.

LAVER CUP : LE MONDE EST À EUX !

Pour la première fois depuis la création de la compétition, l'équipe du reste du monde a remporté la Laver Cup. Un exploit d'autant plus retentissant que l'Europe alignait le légendaire Big Four (Federer, Nadal, Djokovic, Murray) et semblait grande favorite.

Ce cru 2022 de la Laver Cup restera à jamais un millésime de légende. D'abord, bien sûr, car Roger Federer a joué le dernier match de sa carrière dans cette épreuve (voir par ailleurs). Mais aussi parce que pour la première fois depuis la création de cette compétition en 2017, l'équipe « Monde » a pu soulever la Coupe.

À l'issue de la première journée, les deux équipes étaient à égalité parfaite : deux victoires en simple de l'Europe (Casper Ruud contre Jack Sock, et Stefanos Tsitsipas expéditif face à Diego Schwartzman) avant deux succès du Monde (De Minaur face à Andy Murray et le match rentré dans la légende, Fedal / Sock-Tiafoe). La deuxième journée avait ensuite semblé asseoir la domination européenne, Matteo Berrettini et Novak Djokovic remportant chacun leur simple,

x Auger-Aliassime soulève aver Cup aux côtés de uipe du reste du monde. st la première victoire en cinq :ions pour la « team » de John Enroe.

puis le double où ils étaient associés face à Jack Sock et Alex de Minaur.

Mené 8-4 au début de la dernière journée, le Reste du Monde va alors tout renverser. D'abord grâce à une victoire en double de la paire Jack Sock / Félix Auger-Aliassime face au duo Andy Murray / Mattéo Berrettini. Puis grâce à la victoire du Québécois aux dépens de Novak Djokovic, un succès aussi superbe qu'inattendu, au vu de la forme du Serbe la veille. Puis Frances Tiafoe a brillamment fini le travail en renversant Tsitsipas dans une rencontre ébouriffante, où l'Américain a notamment sauvé quatre balles de match. John McEnroe et ses boys pouvaient exulter et saluer leur héros sur le court. Il faudra attendre l'an prochain pour savoir si le rapport de force entre les deux équipes s'est réellement inversé. Mais en attendant, Team World peut savourer ce magistral succès.

Comme souvent dans les compétitions par équipe, la joie des vainqueurs n'a d'égale que la cruelle déception des vaincus.

Casting de rêve ! Le temps d'une compétition, le quatuor qui a régné sans partage sur le monde du tennis s'est reformé… dans la même équipe qui plus est.

Roger Federer porté en triomphe par les deux équipes. Le Maître prend sa retraite sportive, mais il laisse la Laver Cup en héritage.

MELB

LE DERNIER CHEF D'ŒUVRE DE BARTY

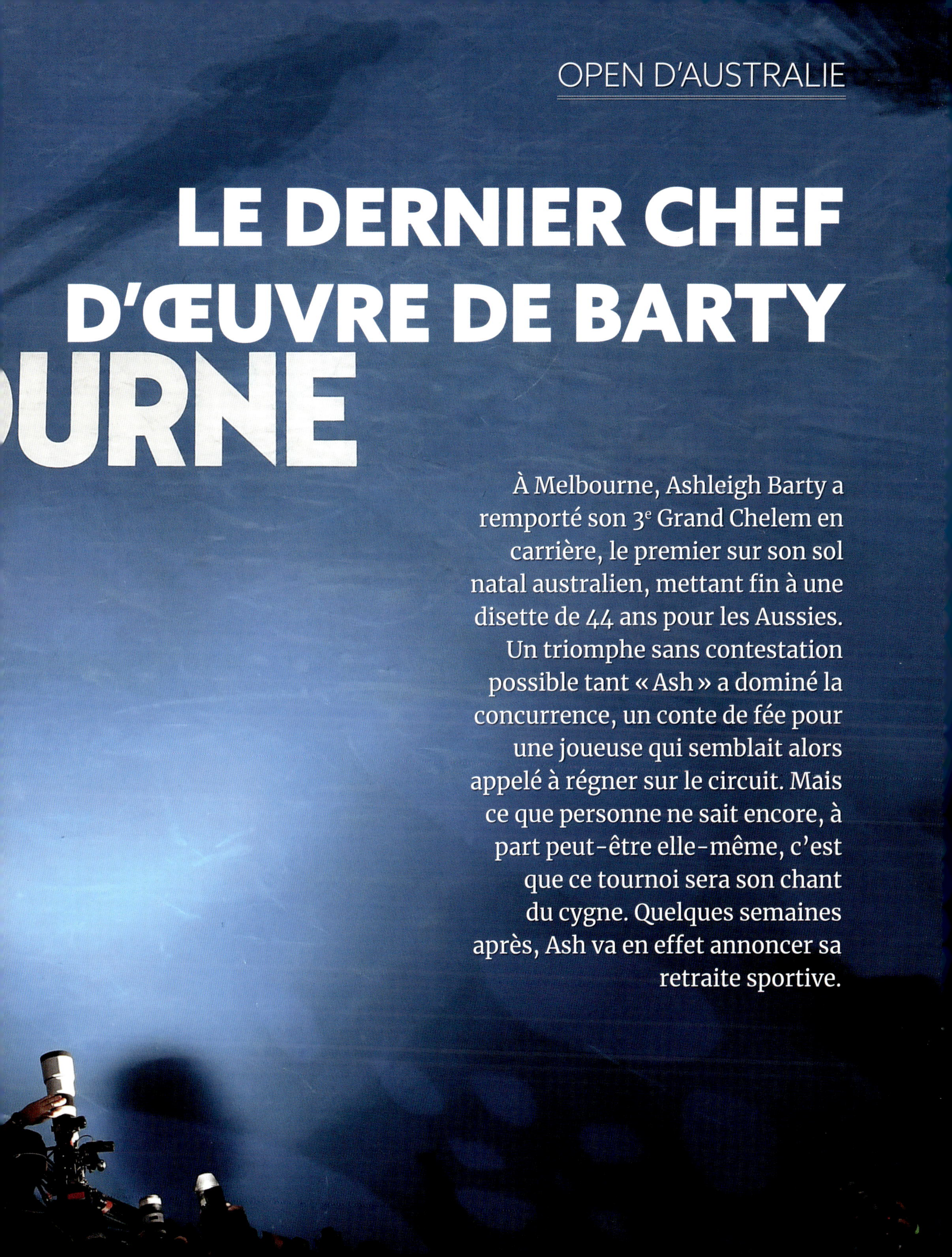

À Melbourne, Ashleigh Barty a remporté son 3e Grand Chelem en carrière, le premier sur son sol natal australien, mettant fin à une disette de 44 ans pour les Aussies. Un triomphe sans contestation possible tant « Ash » a dominé la concurrence, un conte de fée pour une joueuse qui semblait alors appelé à régner sur le circuit. Mais ce que personne ne sait encore, à part peut-être elle-même, c'est que ce tournoi sera son chant du cygne. Quelques semaines après, Ash va en effet annoncer sa retraite sportive.

LA RÉTRO DE LA QUINZAINE

ASH TOUTE-PUISSANTE

Favorite du tournoi et favorite des cœurs, Ashleigh Barty remporte « chez elle » son premier Open d'Australie. Au-dessus du lot, elle ne concède pas une manche de la quinzaine et ne perd en tout que 30 jeux (soit un peu plus de 4 par match).

DU 100 % EN FINALE

C'est aussi du trois sur trois pour Barty après ses triomphes à Roland-Garros 2019 et Wimbledon 2021. En trois finales de Grand Chelem, l'Australienne n'a donc connu que la victoire.

UNE FÊTE POUR L'AUSTRALIE

L'Australienne fait rugir de plaisir les Aussies. Le continent austral attendait en effet une lauréate locale depuis Chris O'Neil et son sacre en 1978 ! Depuis le début de l'ère Open, Barty est la cinquième Australienne à être couronnée à « domicile ».

COLLINS, PREMIÈRE FINALE

Elle élimine en finale l'Américaine Danielle Collins, qui découvre alors ce stade de la compétition. Malgré la défaite, la Floridienne fait son entrée dans le Top 10 WTA.

4 VICTIMES MADE IN USA

Ash Barty élimine quatre Américaines coup sur coup : Amanda Anisimova (8e), Jessica Pegula (quart), Madison Keys (demie) et Danielle Collins donc. Fait insolite : elle avait battu dans un ordre différent le même quatuor à Roland-Garros sur la route de son premier grand titre (Pegula au 1er tour, Collins au 2e, Keys en quart et Anisimova en demie).

OSAKA TOMBE D'ENTRÉE

La tenante du titre Naomi Osaka chute au 3e tour, battue justement par Amanda Anisimova.

CORNET PREND LE QUART

Alizé Cornet, 32 ans, qui participait à son 63e tournoi du Grand Chelem, accède pour la première fois de sa carrière au « grand 8 » d'un Majeur. La Niçoise obtient sa qualification en quarts de finale après un duel haletant face à Simona Halep. Collins mettra fin à son parcours.

PAS DE WILLIAMS

Pour la première fois depuis 1997, ni Venus ni Serena Williams ne participent à l'Open d'Australie.

MLADENOVIC TOUJOURS AU TOP EN DOUBLE

Si elle vit des années compliquées en simple, Kristina Mladenovic continue d'engranger les succès en double. La Nordiste remporte le tournoi de double mixte aux côtés d'Ivan Dodig, après leur victoire face à Jaimee Fourlis / Jason Kubler. C'est le 8e Majeur en carrière pour la Française (5 en double dames, 3 en double mixte).

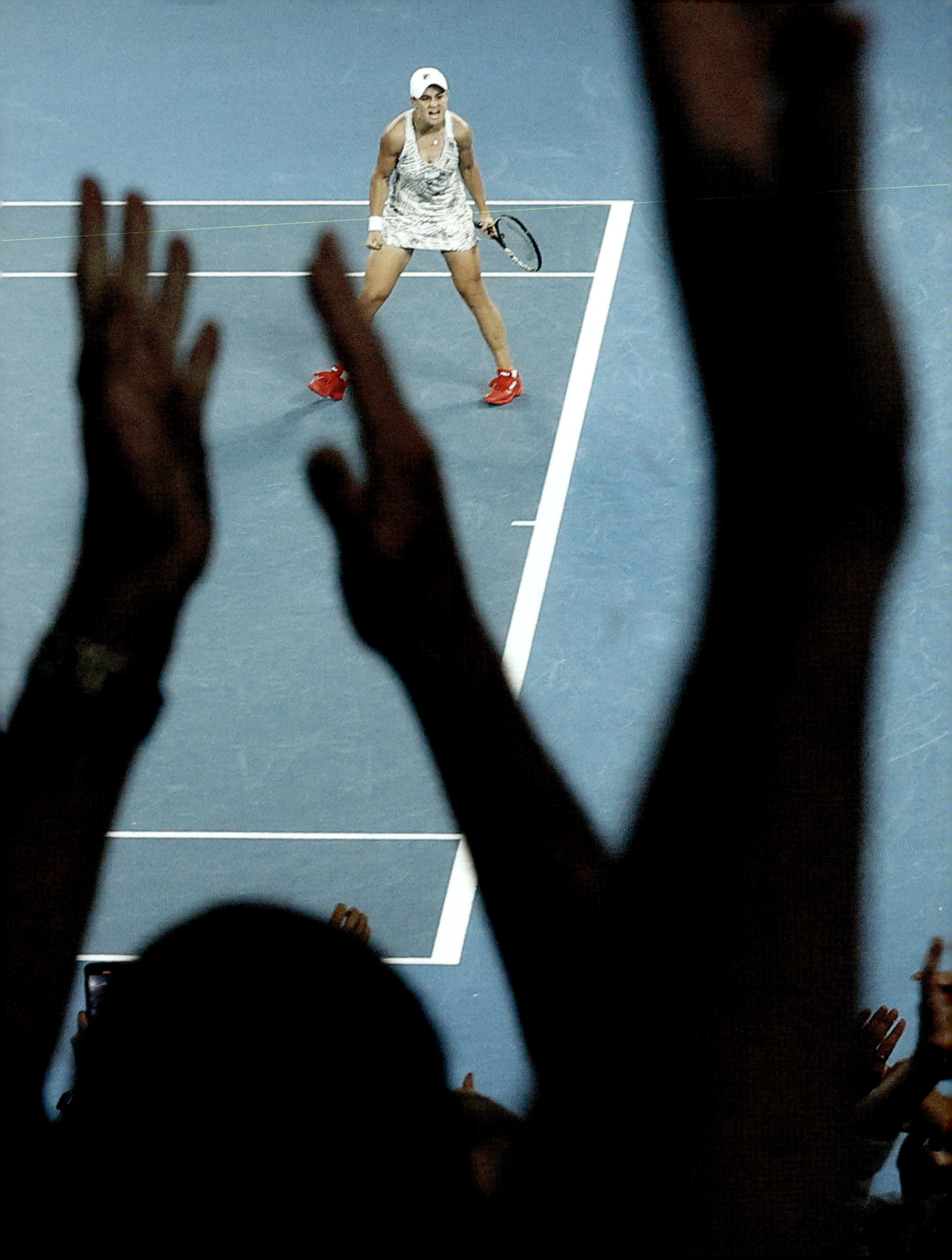

BARTY, PROPHÈTE EN SON PAYS

Jusqu'au bout, ses adversaires ont espéré la petite rature. Le coup de pinceau trop appuyé, la faute de goût qui viendrait ternir le tableau et dérégler l'artiste. Mais sur ses terres natales, Ashleigh Barty a prouvé que sa palette tennistique était digne des plus grandes. Et que lorsqu'elle jouait à son niveau, elle était amenée à régner sur le circuit. Loin au-dessus de ses rivales, l'Australienne a joué une partition qui a souvent tutoyé la perfection, avalant ses adversaires l'une après l'autre. En six matchs avant la finale, l'Australienne n'avait concédé qu'une seule fois son jeu de service, à Amanda Anisimova en 8e.

De bout en bout, elle a donc dominé, notamment grâce à son fameux slice de revers, un des plus efficaces de l'histoire du tennis, son jeu tout en variations, mais aussi par un service devenu « létal ». Plus forte, mieux armée, affutée... Ash était la meilleure tout simplement. Et lors de l'ultime rencontre, dans une Rod Laver Arena qui n'avait d'yeux que pour son héroïne, elle a parachevé son chef d'œuvre, s'adjugeant son 3e en Grand Chelem en autant de finales.

Pourtant, quelques minutes avant la balle de match, le public australien n'en menait pas bien large et avait perdu une bonne dose de sa sérénité. Car lors de cette finale, la novice Danielle Collins est loin d'avoir fait de la figuration, même après une premier set rapidement tombé dans l'escarcelle de Barty. On a même cru que la Floridienne allait embarquer son adversaire dans une 3e manche de tous les dangers lorsqu'elle a mené 5-1. À ce moment, l'Américaine, 30e mondiale, avait retrouvé ce tennis qui avait assommé Iga Swiatek en demi-finale, avec une profusion de coups gagnants.

Mais Barty n'est pas seulement une merveilleuse joueuse de tennis, capable de tous les coups, elle est aussi dotée d'un mental en acier trempé. Poussée hors de sa zone de confort par le style agressif de Collins, la joueuse du Queensland s'est recentrée sur ce qu'elle sait faire de mieux : varier. Varier les zones, les effets, les trajectoires, en y ajoutant un supplément de puissance pour dicter le tempo. « À partir de 5-1, j'ai essayé de reprendre le dessus et le contrôle du court », expliquera-t-elle après la rencontre. Sentant que son adversaire ne pourrait tenir cette cadence, Barty a fait le dos rond avant de s'engouffrer dans la brèche pour rattraper son retard et emmener Collins jusqu'au tie break. Impériale, elle prendra le meilleur départ et ne lâchera plus son exploit.

Le slice de revers de la joueuse née à Ipswich restera comme son arme la plus impressionnante. Barty était la seule sur le circuit à maîtriser à la perfection le revers coupé, donnant des balles très basses qui déstabilisaient toutes ses adversaires.

Sa célébration – hurlement de rage, poings serrés – en disait long sur la pression qui pesait sur ses épaules. Jusqu'alors, Ash n'avait jamais réussi à s'imposer sur ses terres natales, malgré deux quarts en 2019 et 2021, et une demi-finale en 2020. 44 ans que l'Australie attendait ça ! Ash est en effet la première Aussie à triompher à Melbourne depuis le sacre de Christine « Chris » O'Neil en 1978, qui succédait à ceux d'Evonne Goolagon et ses 4 titres à Melbourne dans les années 1970. Une époque pas si lointaine mais bien différente où les meilleures joueuses ne faisaient pas forcément le déplacement en Australie. « C'est un peu surréaliste, a-t-elle confié. En tant qu'Australienne c'était incroyable de partager ce moment avec autant de public. C'est un rêve qui devient réalité, je suis très fière d'être une Aussie. » Le triomphe de l'enfant du pays, connue pour sa modestie et son fair-play. Le parfait happy-ending à l'anglo-saxonne. Et on ne croyait pas si bien dire. Car si personne n'y pensait dans la ferveur de ce samedi 29 janvier, ce serait son dernier match.

Barty est la joueuse la plus
mplète du circuit, elle a également
uvé le moyen de s'améliorer
ec notamment un service devenu
core plus efficace.

Opérée d'une endométriose, Danielle Collins a réussi à revenir au plus haut niveau. Sa vitesse d'exécution et sa puissance ont fait des ravages à Melbourne. Mais elle a dû plier face à Barty.

Un hurlement de rage victorieuse qui résonnera pour longtemps dans les travées du Melbourne Park.

BARTY, VERS D'AUTRES RÊVES ET D'AUTRES CIEUX

L'annonce a fait l'effet d'un séisme dans le monde feutré de la balle jaune. Le 24 mars, Ashleigh Barty, nº 1 mondiale met officiellement un terme à sa carrière. « Je ne savais pas trop comment aborder ce sujet, alors je le fais à ma façon. Je prends ma retraite du tennis. Je sais juste que dans mon cœur, pour moi en tant que personne, c'est la bonne chose à faire », explique-t-elle à Casey Dellacqua, son ancienne partenaire de double, dans une vidéo postée sur les réseaux sociaux.

La raison de cette décision soudaine ? Les tentaculaires sacrifices nécessaires à la pratique du haut niveau que l'Australienne, qui sera restée 121 semaines sur le trône de la WTA, ne peut plus supporter. « Je n'ai plus la motivation physique, la volonté émotionnelle et tout ce qu'il faut pour se dépasser au plus haut niveau, je suis épuisée », a expliqué Barty. Son titre à Wimbledon en 2021 était son rêve de petite fille. Mais la joueuse du Queensland confie qu'elle ressentait encore un petit goût d'inachevé, finalement balayé par son épopée victorieuse à Melbourne. « Ma victoire en Australie, était la plus parfaite, ma manière parfaite, de célébrer l'incroyable voyage qu'a été ma carrière dans le tennis », a précisé la joueuse.

Au sommet du tennis féminin, Ash, 25 ans, range donc ses raquettes et laisse un drôle de vide. Cette ultime pirouette tennistique est finalement assez représentative de la joueuse. Ashleigh Barty n'a jamais fait comme les autres. Dès l'âge de 17 ans, après un sacre précoce à Wimbledon juniors, la jeune fille très douée avait décidé de mettre sa carrière entre parenthèses pendant dix-sept mois pour devenir joueuse professionnelle de cricket (avec un certain succès). En 2020, déjà au firmament du tennis, elle avait choisi de ne pas reprendre la compétition après l'irruption de la pandémie de Covid-19, et était restée six mois en Australie. Désormais, elle dit songer à « poursuivre d'autres rêves ». Personnels, littéraires (très proche de sa nièce, elle s'est lancée dans l'écriture de livre pour enfants) mais aussi sportifs : l'Australienne joue au golf à un remarquable niveau. Très douée, on vous dit.

L'Australienne a les yeux rivés vers le
et son avenir. Alors qu'elle quitte son sp
en pleine gloire, elle souhaite poursu
« d'autres rêves » que ceux d'une joue
de tennis professionnelle, des rêves
« n'impliquent pas forcément de voyag
travers le monde ».

La retraite d'Ashleigh Barty engendre un vide sur le circuit et suscite un immense regret pour le tennis en général. Mais elle est très symbolique d'une joueuse qui a toujours écouté son instinct, pour mettre en conformité ses désirs et ses choix de vie.

L'Australienne a régné au sommet du tennis, mais elle joue aussi très bien au cricket et au golf.

SWIATEK ÉTEND SON RÈGNE

Cela risque de devenir une habitude. Quand le tennis se pare d'ocre et que le lift devient maître, Iga Swiatek ne laisse que des miettes à ses adversaires. Sur la lancée d'une première de partie de saison canon, la Polonaise a éparpillé la concurrence à Roland-Garros qu'elle remporte pour la 2ᵉ fois après son sacre de 2020. La valeureuse Coco Gauff, qui a signé une superbe quinzaine en simple comme en double, n'a rien pu faire en finale. Le règne d'Iga ne fait peut-être que commencer...

LA RÉTRO DE LA QUINZAINE

INTOUCHABLE SWIATEK

Tout simplement sans rivale. Tête de série nº 1, en pleine confiance, Iga Swiatek remporte pour la deuxième fois Roland-Garros, après son premier sacre de 2019. La Polonaise, au-dessus du lot toute la quinzaine, ne tremble jamais durant le tournoi. Si elle ne réalise pas un sans-faute (elle concède une manche face à la Chinoise Zheng en 8e de finale), la nº 1 mondiale ne laisse que des miettes aux autres, notamment à ses dernières adversaires : Jessica Pegula (6/3, 6/2), Daria Kasatkina (6/2, 6/1) puis Coco Gauff (6/1, 6/3).

SIX À LA SUITE

Invaincue depuis février, Iga Swiatek décroche à Paris un sixième titre consécutif en autant de tournoi (Doha, Indian Wells, Miami, Stuttgart, Rome et Roland-Garros). Signe de sa mainmise sur le circuit depuis la retraite d'Ashleigh Barty, la Polonaise compte après son titre 8 631 points au classement WTA – soit presque le double de sa plus proche poursuivante, Anett Kontaveit (4 325).

GAUFF A FAIT VIBRER PARIS

Impuissante lors de la finale, Coco Gauff marque néanmoins le tournoi de son empreinte et fait souffler un vent de fraîcheur sur Paris. Elle est la plus jeune joueuse à atteindre la finale à Roland-Garros depuis Kim Clijsters en 2001.

JABEUR DISPARAÎT D'ENTRÉE

Alors qu'elle est considérée comme une des rares à pouvoir inquiéter Swiatek, Ons Jabeur mord la poussière dès le premier tour, renversée par une autre Polonaise, Magda Linette.

SALE TEMPS POUR LES FRANÇAIS...

Pour la première fois depuis l'édition 1997 de l'Open d'Australie, aucun Français, hommes et femmes confondus, n'est tête de série dans un tournoi du Grand Chelem. Les bleues retrouvent quelques couleurs avec l'étonnant parcours de Léolia Jeanjean (qui atteint le troisième tour) et de Diane Parry, qui élimine dès son entrée en lice Barbora Krejčíková, tenante du titre.

C'est seulement la 3e fois dans l'ère Open que la lauréate de la précédente édition s'incline au premier tour (après Anastasia Myskina en 2005 et Jelena Ostapenko en 2018).

« KIKI » ET « CARO », LES DOUBLES REINES

Le contingent bleu a le sourire en fin de tournoi : Caroline Garcia et Kristina Mladenovic remportent le tableau de double. Déjà sacrées en 2016, les championnes françaises dominent les Américaines Coco Gauff et Jessica Pegula en finale.

En 2020, le parcours parisien d'Iga Swiatek et la facilité avec laquelle elle avait conquis la coupe Suzanne-Lenglen avaient surpris la planète tennis. Deux ans plus tard, tout autre résultat qu'une victoire finale aurait été vu comme un immense échec. Mais la Polonaise a assumé son statut de bout en bout.

SWIATEK, L'OCRE EST SON ROYAUME

Il s'agissait de ne pas traîner dans les boutiques chics autour de la place des Mousquetaires ce samedi 4 juin. Pour assister au 2e sacre parisien d'Iga Swiatek, le retard n'était pas une option, car en finale, comme dans les matchs précédents, la Polonaise avait décidé d'enclencher le mode TGV dans ce Grand Chelem où sa pancarte de favorite débordait de toutes parts. Jugez plutôt : depuis le mois de février et une défaite face à Jelena Ostapenko à Dubaï, Iga Swiatek était tout simplement invincible : 28 victoires d'affilée, les tournois de Doha, Indian Wells, Miami (le fameux Sunshine Double), Stuttgart et Rome empilés dans son armoire à trophées. Déjà titanesque sur dur, l'ombre de la Polonaise devenait écrasante sur terre, sa surface de prédilection. Cela faisait bien longtemps qu'une joueuse n'avait pas débarqué à Paris avec une telle aura de puissance et de maîtrise.

Presque comme prévu, la Polonaise a écœuré la concurrence à Roland-Garros. Lesia Tsurenko (6/2, 6/0) et Alison Riske (6/0, 6/2) ont eu à peine le temps de dire

Quasi intouchable sur cette surface où sa maîtrise du lift est un cauchemar pour les adversaires, la joueuse de Varsovie est bien la reine actuelle de la terre battue.

ouf avant de se faire éjecter du tournoi par la tornade polonaise. Danka Kovinic a offert un soupçon de résistance (6/3, 7/5), puis Qinwen Zheng a créé une petite sensation en empochant un set avant de se faire emporter (6/7(5), 6/0, 6/2). La suite sera un cavalier seul de Swiatek : Jessica Pegula en quart (6/3, 6/2) et Daria Kasatkina en demie (6/2, 6/1) ont à peine effleuré l'armure de Swiatek. Et si la finale promettait beaucoup, elle sera finalement expédiée en à peine plus d'une heure.

Les larmes de Coco Gauff, joueuse humble et populaire, ont ému à juste titre le public parisien. L'Américaine, qualifiée en simple et en double, pouvait s'offrir un doublé historique. Elle est finalement repartie avec deux plateaux de finalistes et quelques sacs de regrets. Mais y avait-il vraiment quelque chose à faire face à cette Swiatek-là ? À l'instar d'Ashleigh Barty à Melbourne quatre mois plus tôt, la joueuse de Varsovie était tout simplement dans son monde à Roland-Garros. Avec un soupçon d'expérience pour couronner son talent. « Avoir déjà joué une finale m'a beaucoup aidé aujourd'hui, a soutenu Iga Swiatek après la rencontre. Je n'étais pas perdue, je savais ce qui allait se passer, comment me comporter. »

Il ne serait pas surprenant que ce genre de quinzaine se reproduise à l'avenir. Après tout, Swiatek n'a que 21 ans et son jeu s'exprime à son plein potentiel sur terre : elle a plus de temps pour s'organiser, ses frappes liftées gênent davantage l'adversaire, et sa défense fait des merveilles. En 2020, son triomphe avait tout de la divine surprise. Véritable ouragan de fraîcheur, elle avait balayé toutes les favorites avec l'air de ne jamais comprendre ce qui lui arrivait vraiment. Cette année, elle avait un statut à assumer. Et il a été assumé jusqu'au bout. « En 2020, il y avait de la confusion car je n'ai jamais cru à 100 % que je pouvais gagner un Grand Chelem, a expliqué la Polonaise. Cette fois, c'était le résultat du travail accompli. Maintenant, je suis plus consciente de ce qu'il faut pour gagner un Grand Chelem. C'est comme un puzzle dont il faut assembler toutes les pièces. Cette fois, je suis encore plus contente de moi car je sais qu'il y avait un peu de chance en 2020. Cette fois, c'était le résultat du travail fourni. »

Le duel entre les deux finalistes a donné lieu à quelques belles bagarres du fond de court, mais «Iga» était tout simplement la plus forte.

Jusqu'à la finale, Cori Gauff n'avait perdu aucun set du tournoi. Si elle n'a encore remporté aucun tournoi majeur, l'Américaine est une déjà une star immense, apprécié par le public, adorée par les marques.

On l'oublie parfois tant elle a fait son entrée sur le circuit très jeune, mais Coco Gauff n'a encore que 18 ans. Programmée pour réussir, l'Américaine se construit désormais à son rythme et gravit les étapes une à une.

La joie de Mladenovic et Garcia fait plaisir à voir ! Les deux Françaises, qui ont vécu des moments difficiles en simple, ont réussi une performance XXL pour décrocher la coupe Simonne-Mathieu, qui récompense les lauréates du double à Roland-Garros.

DU BAUME AU CŒUR

Le tennis français n'a pas vraiment flamboyé à Roland-Garros édition 2022 et le bleu a même parfois viré au gris terne. Certes, quelques belles éclaircies ont émaillé la quinzaine, notamment le parcours de Diane Parry au revers délicieusement vintage, ou de Léolia Jeanjean, immense espoir chez les juniors qui avait mis le tennis entre parenthèses avant de revenir de nulle part pour se hisser jusqu'au 3e tour. Mais le vrai rayon de soleil a percé les nuages le dernier jour, dimanche 5 juin : Kristina Mladenovic et Caroline Garcia ont remporté le double dames en renversant les Américaines Jessica Pegula / Cori Gauff (qui perdait là sa deuxième finale en deux jours) au terme d'un duel accroché (2/6, 6/3, 6/2) sur un court Philippe-Chatrier évidemment acquis à la cause tricolore.

Dans un tournoi qu'elles ont traversé plutôt anonymement en simple (Kristina Mladenovic a été éliminée dès le premier tour, Caroline Garcia au second), les Bleues ont décidé d'unir leurs forces et ont démontré qu'elles restaient des joueuses redoutables. Six ans après leur premier triomphe parisien en 2016, les voilà de retour au sommet de la discipline.

Volées courtes, smashs claqués, zones parfaites... Garcia et Mladenovic ont même joué un véritable récital dans le dernier acte. Elles ont d'ailleurs terminé avec le double de points gagnants sur la paire américaine (40 à 22). Et sur un dernier smash rageur de « Caro », les Françaises ont pu hurler leur joie.

Spécialiste de la discipline, Mladenovic remporte son quatrième titre porte d'Auteuil, son neuvième en Grand Chelem. « C'était une ambiance de folie, merci à tous pour le soutien, s'est réjouie Caroline Garcia. On a déjà gagné il y a six ans mais j'ai l'impression que c'était il y a très, très longtemps. Être titrées à Roland-Garros, il n'y a rien de mieux pour nous. » Vers la passe de trois pour l'an prochain ?

Si elle est loin d'abandonner le simple, Kristina Mladenovic connaît une carrière fructueuse en double... et notamment à Roland-Garros. La Nordiste a ainsi remporté quatre fois le tournoi : deux fois à avec Caroline Garcia (2016, 2022), deux fois avec la Hongroise Timea Babos (2019, 2020).

1928
Miss H. Wills
1929
Miss H. Wills
1930
Mrs F. S. Moody

RYBAKINA, LE SACRE DU SANG-FROID

Chez les hommes, la hiérarchie sur gazon est claire : Novak Djokovic garde une main de fer sur la couronne londonienne. Mais du côté féminin, les possibilités d'accaparer la lumière sont plus nombreuses. Et cette année, c'est une jeune outsider qui en a profité. Elena Rybakina n'a que 23 ans, mais son service fulgurant et ses puissantes frappes en coup droit ont fait mouche, notamment en finale pour éliminer une des favorites, Ons Jabeur. Rybakina offre au Kazakhstan son premier titre en Grand Chelem, elle qui est pourtant née... à Moscou !

LA RÉTRO DE LA QUINZAINE

LA NOUVELLE TSAR

Malgré la perte de la première manche, Elena Rybakina s'impose en finale de Wimbledon face à Ons Jabeur (3/6, 6/2, 6/2). C'est le premier sacre en Grand Chelem pour la 23e mondiale, mais aussi le premier pour son pays, le Kazakhstan. Avant cet exploit, la joueuse affichait un palmarès assez modeste avec deux titres WTA (Bucarest en 2019 et Hobart en 2020).

JABEUR ÉCRIT L'HISTOIRE

Première joueuse arabe à disputer une finale de Grand Chelem, Ons Jabeur ne cesse d'écrire l'histoire de son pays et de son continent. La Tunisienne est passée proche d'un exploit encore plus grand, mais elle n'a pas réussi à freiner le retour de Rybakina.

UNE ÉDITION SOUS TENSION

Le succès de Rybakina résonne comme un sacré pied de nez à l'actualité : la joueuse est née Russe et n'a pris la nationalité kazakhstanaise qu'en 2018. Or, le tournoi a banni les joueurs russes et biélorusses à la suite de l'invasion de l'Ukraine. Par conséquent, des joueuses comme Aryna Sabalenka, Veronika Kudermetova, Daria Kasatkina ou encore Victoria Azarenka ne sont pas présentes.

PRODIGIEUSE CORNET

Au 3e tour, Alizé Cornet s'offre un immense exploit en terrassant presque « facilement » Iga Swiatek, no 1 mondiale. La Polonaise restait sur une série

de 37 victoires consécutives. Le plus bel enchaînement de match remporté chez les femmes reste donc la propriété de Martina Navratilova (74), suivie de Steffi Graf (66), Margaret Court (57), Chris Evert (55), Martina Hingis (37), et donc Iga Swiatek, à égalité avec la Suissesse.

L'EMBELLIE BLEUE

En parlant de Françaises, elles sont trois à se qualifier pour les 8es de finale : Cornet donc, mais aussi Caroline Garcia et Harmony Tan. Cette dernière fait sensation en battant l'Américaine Serena Williams lors de son entrée en lice. Trois Bleues en 2e semaine du Majeur britannique ? Ce n'était plus arrivé depuis 2005 avec le trio Amélie Mauresmo, Mary Pierce, et Nathalie Dechy.

LES POINTS QUI S'ENVOLENT

Serena Williams perd ses derniers points acquis à Wimbledon 2021 et disparait provisoirement du classement officiel.

REBELOTE POUR KREJCIKOVA ET SINIAKOVA

Barbora Krejcikova et Katerina Siniakova sont couronnées dans le tableau de double. Les Tchèques dominent Elise Mertens et Shuai Zhang en finale, et s'offrent un deuxième sacre après celui de 2018.

LES FORFAITS

Leylah Fernandez, Sofia Kenin, Naomi Osaka, Elina Svitolina.

La meilleure serveuse de ce Wimbledon ? Elena Rybakina ! Capable de frapper très fort (un ace à 196 km/h en finale) mais aussi de varier, la Kazakhstanaise s'est appuyée sur cette arme pour renverser le cours de la finale.

RYBAKINA, CERTAINS L'AIMENT FROID

C'est probablement une des célébrations les plus singulières de l'histoire du tennis ! Au moment où le revers d'Ons Jabeur est annoncé faute, où l'arbitre de chaise (la Française Aurélie Tourte) prononce les mots fatidiques « Game, set et match, Rybakina », Elena Rybakina ne s'est pas écroulée sur le gazon les bras en croix, n'a pas fondu en larmes, ni sauté dans les tribunes pour tomber dans les bras de son clan. Non, la Kazakhstanaise de 23 ans a serré le poing, salué son adversaire puis l'arbitre avant de s'installer sur sa chaise. Elle ne venait pas de remporter un 2e tour sur le circuit ITF, mais bien de remporter un des trophées les plus prestigieux du monde, Wimbledon !

L'émotion était pourtant bien là, évidemment. En conférence de presse, la jeune Kazakhstanaise a d'abord souligné qu'elle était « toujours très calme. Et puis, je ne savais pas quoi faire. J'étais sous le choc. Plus tard, peut-être, quand je serai toute seule dans ma chambre, je me mettrai à pleurer. » Mais une question sur ses parents va fendre définitivement l'armure. « Je pense qu'ils vont être super fiers, a-t-elle soufflé, avant de cacher ses larmes. Vous vouliez voir de l'émotion ? J'ai gardé ça trop longtemps en moi. »

Un sacre qui a pour le moins gêné aux entournures et fait grincer quelques dents à Londres et à la WTA. Du fait de la guerre en Ukraine, Wimbledon avait décidé de bannir les Russes et les Biélorusses de cette édition, pour ne pas leur donner de visibilité. Problème : Rybakina est née en Russie, elle a choisi la nationalité kazakhstanaise en 2018, notamment car la fédération de ce pays lui offrait un soutien financier non négligeable. La lauréate a balayé les questions sur son identité. « Je joue pour le Kazakhstan depuis longtemps. Je suis vraiment heureuse de représenter ce pays », a-t-elle ainsi déclaré après son succès en demi-finale face à Simona Halep.

Ces considérations géopolitiques n'ont pas empêché le sacre de Rybakina. La joueuse a affiché un sang-froid de championne, et avec 53 aces au total (soit le record de cette édition chez les femmes), elle a surtout pu s'appuyer sur un service plus qu'efficace combiné à des frappes puissantes de fond de court.

Jusqu'ici, la grande joueuse – 1 m 84 - n'avait jamais fait mieux qu'un quart de finale dans un Majeur (à Roland-Garros en 2021). Excellente joueuse dans les jeunes catégories (demi-finaliste à l'Open d'Australie et Roland-Garros juniors), la native de Moscou est encore en phase d'apprentissage. Son jeu vers l'avant notamment est encore très perfectible. « Elle a un tel potentiel... Elle est encore brute de décoffrage dans plusieurs domaines, et il y a encore beaucoup de travail », a estimé Stefano Vukov, son entraîneur.

Au-delà du service, Rybakina peut envoyer la foudre en coup droit et en revers.

Et Ryba céda. Peu après son triomphe, la nouvelle lauréate du Championships n'a pas pu retenir ses larmes en conférence de presse.

Son jeu en variation, son service efficace, sa qualité de déplacement… Ons Jabeur a tout pour briller durablement à Wimbledon.

JABEUR, « MINISTRE DU BONHEUR »

Première joueuse arabe à avoir joué un quart de finale en Grand Chelem (à l'Open d'Australie 2020), à remporter un WTA 1000 (à Madrid) puis à atteindre la finale d'un Majeur, Ons Jabeur est la fierté de tout un continent et une gloire nationale. À tel point que ses compatriotes lui ont choisi un surnom parlant : « la ministre du bonheur ». « J'essaye d'inspirer beaucoup de générations dans mon pays », a confié Jabeur, qui assume ce statut de porte-drapeau.

Dans un tennis féminin parfois pointé du doigt pour son uniformité et son manque de saveur, Ons Jabeur est, surtout, un véritable zeste de fraîcheur. La Tunisienne régale souvent les spectateurs de ses facéties, passant du coup entre les jambes à l'amortie improbable. Souriante et spectaculaire, elle a été adoptée par une bonne partie du public.

Mais la réalisation de son rêve de Grand Chelem devra être remis à plus tard. Après un parcours bien maîtrisé malgré quelques soubresauts (un set perdu en quart puis en demi-finale face à Marie Bouzkova et Tatjana Maria), la Tunisienne a vu la finale et le trophée lui échapper, emportés par une adversaire soudainement bien plus sereine.

Car dans le premier set, Rybakina a ainsi été particulièrement nerveuse, commettant 17 fautes directes et subissant une panne sèche au service, son arme principale (seulement 53% de réussite sur premières balles). Mais Jabeur n'a pas su enfoncer le clou ; et surtout Rybakina a retrouvé de la justesse dans son jeu. La joueuse du Kazakhstan a réglé la mire, imposant peu à peu sa puissance et terminant avec 29 coups gagnants à 17 pour Jabeur. Parfois pas très en réussite avec les lignes, mais aussi plus empruntée, sans doute rattrapée par l'immense pression sur ses épaules, la Tunisienne a laissé passer sa chance... pour cette fois en tous cas. « Elle a joué incroyablement bien, a reconnu Jabeur. Je n'ai pas joué mon meilleur tennis, au deuxième et troisième set. Elle a commencé à être plus agressive. Je pense qu'elle est entrée beaucoup plus dans le court et m'a mis beaucoup de pression. Je n'ai malheureusement pas trouvé de solution pour retourner ses services. J'espère que la prochaine fois, ce sera pour moi. Ce tournoi représente tellement. Je suis très triste mais c'est le tennis, il ne peut y avoir qu'une gagnante. »

Car au vu de son talent, de son jeu subtil fait de variation, de slices et d'amorties, il serait pour le moins surprenant de ne pas voir la native Ksar Hellal se faire une place de choix sur le gazon anglais.

Si sa palette tennistique semble plus variée, Ons Jabeur a peiné pour contrôler la puissance des frappes de Rybakina.

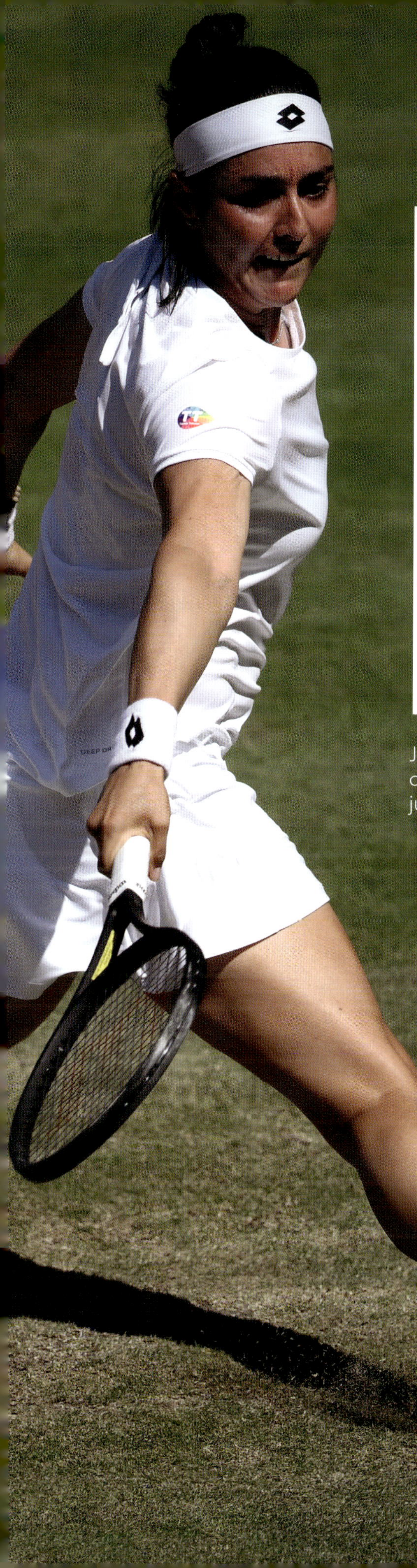

Jabeur écrit l'histoire de son continent et de son pays, mais elle n'a pas réussi à aller jusqu'au bout du rêve... pour cette fois.

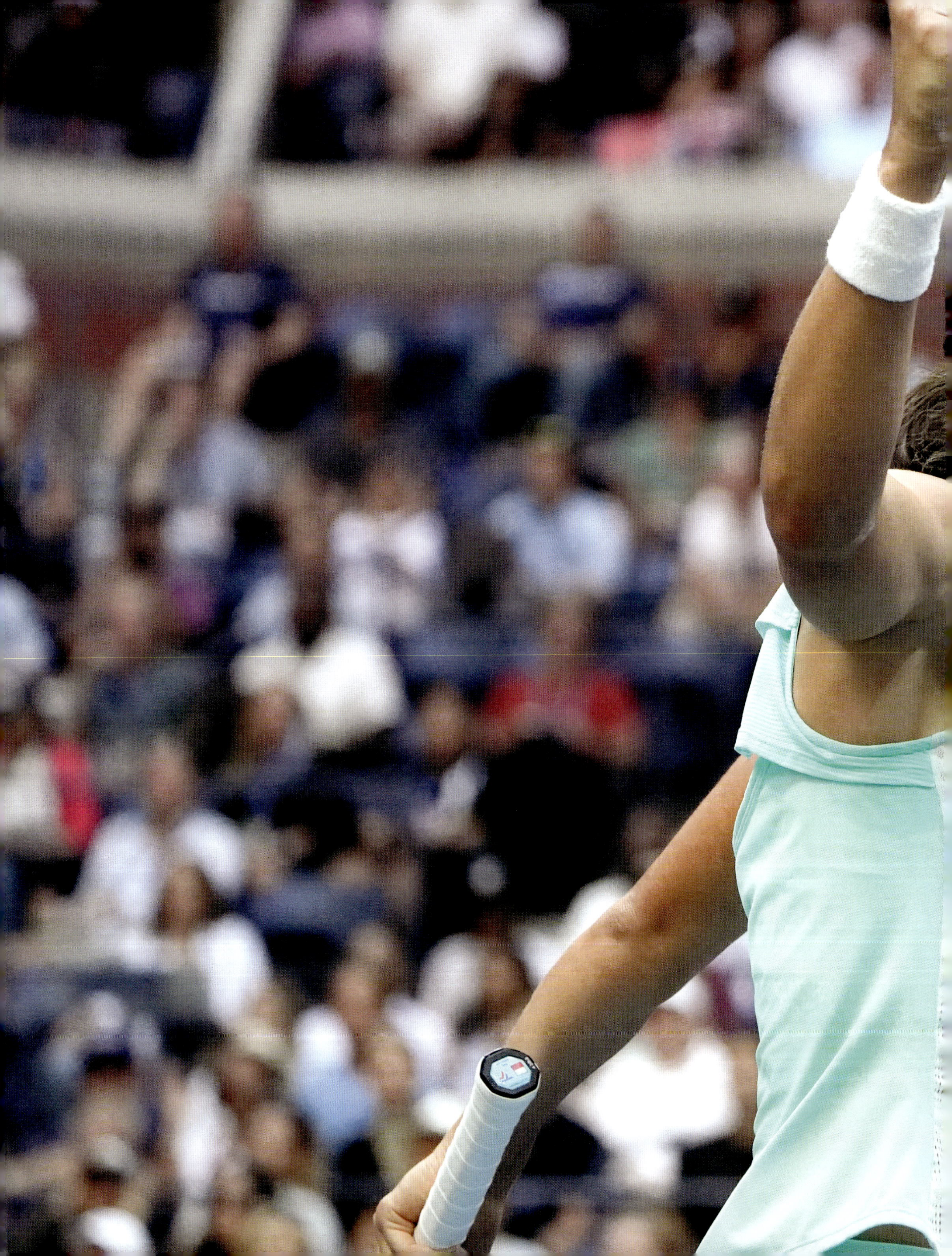

ROCK THE IGA !

Après un printemps complètement fou et une série de 37 victoires consécutives, Iga Swiatek avait sérieusement ralenti la cadence. Depuis Wimbledon, la Polonaise ne gagnait plus ou presque. Et à New York, la nº 1 mondiale a su faire le dos rond, serrer les dents, accepter de ne pas jouer son meilleur tennis. Sérieusement bousculée en demi-finale face à Sabalenka, Swiatek s'est faite violence pour se hisser jusqu'en finale où elle a sorti une prestation XXL pour briser le rêve d'Ons Jabeur. C'est la première fois que la Polonaise soulève un trophée en Majeur ailleurs que porte d'Auteuil. La grande dame du circuit ? C'est Swiatek !

LA RÉTRO DE LA QUINZAINE

NOUVEAU TRIOMPHE POUR SWIATEK

Loin d'être aussi conquérante qu'à Roland-Garros, Iga Swiatek triomphe pourtant à l'US Open. La Polonaise peine à trouver son rythme et passe plusieurs fois proche de la sortie de route. Mais elle tient bon, monte peu à peu en puissance, et retrouve ses sensations au meilleur moment.

UN SURSAUT AU MEILLEUR DES MOMENTS

En finale, elle sort son meilleur match pour écarter Ons Jabeur. Injouable en début de match, Swiatek résiste ensuite au retour de la Tunisienne pour s'imposer en deux manches (6/2, 7/6(5)). C'est la première fois depuis 9 ans que la finale du simple dames oppose deux des huit premières têtes de série newyorkaises.

JABEUR ENCORE BATTUE

La « ministre du bonheur » Ons Jabeur, très convaincante durant toute la quinzaine, échoue donc pour la deuxième fois consécutive dans une finale de Grand Chelem. La Tunisienne en profite néanmoins pour récupérer la 2e place mondiale.

LA GRANDE « CARO » EST DE RETOUR

Cet US Open sonne aussi comme le retour définitif au premier plan de Caroline Garcia. Sur la lancée d'un été exceptionnel (après le double remporté à Roland Garros avec Kristina Mladenovic, elle triomphe à Bad Homburg sur gazon, Varsovie sur terre battue et Cincinnati sur dur), la Française fonce en demi-finale. Elle tombe cependant dans la toile tissée par Ons Jabeur, une adversaire qui lui a toujours posé beaucoup de problèmes.

LA FIN DU RÊVE ÉVEILLÉ POUR RADUCANU, UNE CORNET RECORD

Après son sublime parcours de 2021, Emma Raducanu s'incline dès le premier tour. La Britannique tombe face à une Alizé Cornet en grande forme. Avec cette victoire de choix, la Niçoise fête dignement un sacré record : celui du plus grand nombre de participations consécutives à des tournois du Grand Chelem.

Elle en est à 63 et efface des tablettes la précédente marque de la Japonaise Ai Sugiyama.

BUREL DANS LA LUMIÈRE

En plus de Garcia et de Cornet, une autre Française se distingue : Clara Burel, sortie des qualifications et qui s'offre la lauréate de Wimbledon Elena Rybakina dès le premier tour.

AMERICAN HERO

New York réserve une ambiance de folie à son héroïne, Serena Williams. Pour sa « der », l'Américaine aux 23 titres du Grand Chelem franchit deux tours sur le court Arthur-Ashe, s'offrant au passage le scalp de la n o 2 mondiale Anett Kontaveit. « Queen Serena » ne s'avoue jamais vaincu, et tous les Etats-Unis se mettent à croire à un parcours encore plus fou. Mais la cadette des Williams est stoppée au 3e tour par Alja Tomljanovic après un dernier combat dantesque.

NOUVELLE RAZZIA TCHÈQUE

Barbora Krejcikova et Katerina Siniakova poursuivent leur impitoyable moisson. Les Tchèques s'imposent en finale face aux Américaines Caty McNally et Taylor Townsend en trois manche (3/6, 7/5, 6/1). Déjà lauréates à l'Open d'Australie et à Wimbledon, elles réalisent le Petit Chelem sur une année, et le Grand Chelem en carrière. Elles deviennent aussi la première paire à s'imposer sur les quatre tournois Majeurs, le Masters et les Jeux Olympiques. Elles récupèrent par ailleurs les deux premières places du classement.

nma Raducanu est redescendue r terre après avoir flotté au-dessus New York l'an dernier.

us open

Souriantes, les deux finalistes se sont bien évidemment félicitées à la fin du match. Anecdote amusante : en conférence de presse, Ons Jabeur a déclaré avec humour qu'elle pardonnerait à son adversaire de l'avoir battue si elle lui offrait une montre Rolex !

Deux finales de Grand Chelem et deux défaites. Mais Ons Jabeur retient le positif : sa magnifique saison et sa capacité à aller encore plus haut. « Je sais que je fais partie de ces joueuses qui vont gagner un Grand Chelem. Ça va venir difficilement, mais ça va venir un jour. »

Ce trophée, Iga Swiatek va le conserver bien au chaud. Il prouve que la Polonaise peut gagner les plus grands titres, sur tous les terrains.

SWIATEK : STAR, SETS ET STATS

Le circuit se cherchait une patronne ? Inutile d'aller plus loin, la voici. En décrochant l'US Open, Iga Swiatek a étendu son royaume et envoyé un message très clair : à l'exception du gazon peut-être, et jusqu'à preuve du contraire, elle est désormais la favorite sur tous les tournois. Et tout cela malgré un été très moyen pour ses standards avec 4 victoires et 3 défaites (et notamment un revers devant son public, à Varsovie, en quart de finale face à Caroline Garcia). Après ses 37 succès d'affilée de la première partie de saison, le coup d'arrêt était net. Et son parcours newyorkais n'incitait pas franchement à l'optimisme non plus : sa première semaine a été sans histoire mais sans éclat non plus, ses performances en 8es et en quarts n'avaient rien d'emballantes.

La Polonaise était fébrile, pestant dans la presse contre les balles difficilement contrôlables selon elle. En demie, elle s'est retrouvée au bord du gouffre, menée 4-2 dans le troisième set par Aryna Sabalenka. Mais la nº 1 mondiale n'a pas chuté. Mieux, elle a rendossé son costume de patronne de circuit pour aligner quatre jeux de rang et l'emporter. « Dans ce tournoi, j'avais pas mal de fraîcheur mentale pour saisir les opportunités, et ce même si je n'ai pas eu de sensations parfaites au début du tournoi. Gagner quand je ne me sens pas parfaitement bien, c'est ce qu'il y a de meilleur », a-t-elle estimé après sa demie. En finale, elle a livré un récital. D'abord intouchable au premier set, elle a contrôlé le retour en force d'Ons Jabeur qui montait peu à peu en puissance. Avec ce sacre majeur, le premier en dehors de Roland, elle s'affirme comme une joueuse capable de gagner partout.

Au vu de sa jeunesse (21 ans), et compte tenu de la retraite d'Aslehigh Barty et de la méforme durable d'Osaka, Iga Swiatek a tout pour régner sur le WTA pendant plusieurs années. Cette mainmise sur le circuit se traduit en chiffres et en stats. D'abord par la constance sur une année : Iga Swiatek devient la première joueuse à remporter deux Majeurs la même saison depuis Angelique Kerber, en 2016.

La Polonaise confirme qu'elle n'est jamais aussi redoutable que lorsque la pression du titre est la plus forte. Sur ses 10 dernières finales, elle en a remporté... 10. Et avec la manière en plus : zéro set concédé et deux jeux perdus par set en moyenne. La dernière – et seule – joueuse à l'avoir battue pour le titre est la Slovène Polona Hercog, au tournoi suisse de Lugano en 2019. Depuis, c'est

10 titres et pas des moindres : Roland-Garros, Adélaïde, Rome, Doha, Indian Wells, Miami, Stuttgart, Rome, Roland-Garros et l'US Open.

Elle est la cinquième joueuse de l'histoire à remporter ses trois premières finales disputées en Grand Chelem. Le record est néanmoins détenu par la Japonaise Naomi Osaka, qui a remporté ses quatre premières finales en Majeurs (US Open 2018, Open d'Australie 2019, US Open 2020, Open d'Australie 2021).

Mais le plus parlant peut-être pour illustrer la poigne de fer de la n° 1 mondiale sur le circuit, est de contempler le gouffre béant qui se creuse entre Swiatek et les autres au classement WTA. Au lendemain de l'US Open, la Polonaise culmine à 10 365 points, sa nouvelle dauphine et victime en finale Ons Jabeur, en compte 5 090. Caroline Garcia, 10e mondiale, est à moins de 3 000 points !

GOD SAVE THE QUEENS

En l'espace d'une semaine, elles sont deux reines à avoir tiré le rideau. Sa Majesté Elizabeth II, souveraine du Royaume-Uni de Grande-Bretagne, d'Irlande du Nord et des autres royaumes du Commonwealth, s'est éteinte le 8 septembre à l'âge de 96 ans. Avec elle, c'est un pan entier de l'histoire des XXe et XXIe siècles qui disparait. À vrai dire, la monarque n'a jamais été une mordue de tennis, préférant à la balle jaune l'équitation ou le cricket. Dans un pays qui vibre au rythme des matchs de Wimbledon, où les membres de la famille royale se bousculent en tribunes pour assister aux exploits des joueuses et joueurs, la reine était régulièrement excusée. Mais en Angleterre, berceau du tennis moderne, on plaisante rarement avec les traditions. Marraine du tournoi de All England Lawn Tennis & Croquet Club de 1952 à 2016, la reine s'était donc rendue quatre fois à Wimbledon : en 1957, 1962 (elle avait alors remis le trophée à un jeune Australien nommé Rod Laver), 1977 et 2010. Le tennis n'était pas la cup of tea de la reine, mais de Federer à Nadal, les stars de la balle jaune lui ont rendu un hommage unanime.

Loin du faste aristocratique et du charme suranné de la dynastie Windsor, l'US Open a surtout été l'occasion de dire un – probable – adieu tennistique à une autre reine, au couronnement plus récent mais qui fut la monarque absolue du circuit pendant plus de deux décennies. Une championne hors normes qui a bouleversé l'histoire du tennis et dont le prénom résonne dans le cœur

Il y a 60 ans, Elizabeth II remettait le trophée du Championships à Rod Laver, qui venait de survoler sa finale face à son compatriote Martin Mulligan. L'Australien réalise cette année le Graal de tous les joueurs de tennis : remporter les quatre tournois du Grand Chelem.

des amoureux de la balle jaune : Serena Williams. Depuis une interview accordée au magazine Vogue début août, l'Américaine avait préparé ses fans. Elle était restée volontairement vague sur la date exacte, mais la déclaration ne laissait guère place au doute : sa carrière touchait à sa fin. « Ce moment est toujours difficile, surtout lorsque vous aimez tellement quelque chose. Et mon Dieu, que j'aime le tennis. Mais maintenant le compte à rebours est enclenché. » Une annonce en forme de demi-surprise : depuis 2019, l'Américaine n'était plus la joueuse qui régnait sans partage sur le circuit professionnel. Battue par Belinda Bencic à Toronto, surpassée par Emma Raducanu à Cincinnati, la cadette des Williams avait l'occasion de livrer une dernière danse à New York, sans que personne ne croie vraiment aux miracles d'une victoire.

Mais parce qu'elle est unique, parce qu'elle est Serena, la Californienne a offert au public new-yorkais, qui s'est arraché les places disponibles, un spectacle mémorable, un dernier chapitre écrit en lettres de feu, un show à l'Américaine. Portée par un public en fusion sur la plus grande arène du monde, le court Arthur Ashe, « Queen S. » a fait durer le plaisir (donnant au passage des maux de têtes aux organisateurs de sa « cérémonie d'adieux »), en remportant – brillamment – son premier match aux dépens de Danka Kovinic (6/3, 6/3). Son deuxième tour face à Anett Kontaveit, alors n° 2 mondiale, a fait basculer la Grande Pomme dans la folie : une victoire dans une ambiance folle au bout de trois sets (7-6(4), 2/6, 6/2). Beaucoup se mettaient alors à croire à un conte de fées : une joueuse qui fait plier la n° 2 mondiale ne peut-elle pas aller jusqu'au bout ? Mais la réalité a repris le dessus. Au terme d'un 3e tour épique qui a duré plus de trois heures (et qui a constitué la meilleure audience de la chaîne ESPN pour un match de tennis), Serena Williams a rendu les armes face à l'Australienne Alja Tomljanovic, qui a su rester maîtresse de ses nerfs face à une adversaire et un public survoltés (7/5, 6/7 (4), 6/1). « C'est le voyage le plus incroyable que j'ai fait dans ma vie, a soufflé la joueuse, qui a tenu à rendre un hommage appuyé à ses parents et à sa sœur. Je ne serais pas Serena s'il n'y avait pas eu ma sœur Venus. Merci, Venus. »

Son empreinte restera à jamais indélébile. En un plus d'un quart de siècle, 27 ans exactement, la légende vivante a gagné ses galons de reine incontestée en s'offrant 23 titres du Grand Chelem (7 Open d'Australie, 3 Roland-Garros, 7 Wimbledon et 6 US Open) auxquels il convient d'ajouter 14 en double (une discipline dans laquelle elle a régné des années aux côtés de sa sœur Venus), mais aussi quatre médailles d'or olympiques. Durant son immense carrière, l'Américaine aura passé 319 semaines en tant que n° 1, soit plus de six ans, entre 2002 et 2017. Elle est la seule à avoir gagné les quatre tournois du Grand Chelem et la médaille d'or olympique en simple et en double. Elle a aussi remporté 366 matchs dans les tournois du Grand Chelem : une performance unique, hommes et femmes confondus. Certes, tous les records ne lui appartiennent pas : Margaret Court compte un titre en Majeur de plus qu'elle,

Entre ces tenues souvent singulières, la puissance des émotions sur son visage et la force intérieure qui émanait d'elle, Serena Williams faisait le bonheur des photographes.

Steffi Graaf reste la seule à avoir réalisé le Golden Grand Slam (quatre victoires dans les tournois du Grand Chelem et une médaille d'or olympique sur une seule et même année), et Martina Navratilova a remporté plus du double de titres par rapport à elle...

Mais son histoire (une native de Compton, ville californienne connue pour la violence de ses gangs), sa relation avec sa famille (notamment son père, qui aura réussi à élever deux de ses filles au firmament du tennis), son aura, sa proximité avec des personnalités médiatiques, sa rage de vaincre ont bouleversé le monde du tennis. Ils ont fait d'elle une icône aussi importante au niveau marketing que Michelle Obama ou Beyonce. Si Monica Seles avait initié le règne de la puissance dans le tennis féminin, Serena Williams l'a sublimé, instaurant une nouvelle ère avec une balle extrêmement lourde et des services de plomb. L'ensemble du monde sportif lui a rendu hommage, d'Iga Swiatek (« C'est encore assez surréaliste quand je la vois. J'ai toujours l'impression d'être un enfant qui la regarde. »), à Rafael Nadal (« Elle a été une des athlètes les plus importantes de l'histoire du sport. C'est une grande perte qu'elle quitte le tennis. ») en passant par la déclaration touchante de Daniil Medvedev (« Chaque fois que je l'ai vue en personne, elle avait cette énergie légendaire autour d'elle. Elle a et elle aura un héritage incroyable. Je suis sûr que dans cent ans, on parlera encore de Serena Williams. »)

Le 2 septembre dernier, dans l'antre du court Arthur Ashe, Queen S et son aura légendaire a sans doute joué le dernier match de sa carrière face à Alja Tomljanovic. Sans doute ? Oui car la joueuse a malicieusement entretenu le suspense. « Je ne sais toujours pas si c'était mon dernier moment ou pas. J'ai toujours aimé l'Australie », a-t-elle glissé, sourire en coin. Rendez-vous l'an prochain pour les ultimes « adieux à la reine » ?

La puissance de Serena a peu d'équivalent sur le circuit.

Dès leur plus jeune âge, les deux sœurs ont monopolisé les victoires en double, avec 14 titres du Grand Chelem (leur dernier en date remonte à Wimbledon 2016) et un brelan de médailles d'or olympiques (Sydney 2000, Beijing 2008, Londres 2012). Sur 23 finales professionnelles disputées ensemble, elles en ont gagné 22 !

À l'aube des années 2000, les deux sœurs ont sculpté une rivalité de légende sur le circuit. De Roland-Garros 2001 à l'Open d'Australie 2002, un seul nom se fait entendre en finale des tournois du Grand Chelem : Williams. 4 finales d'affilée pour la sororité californienne. Au total, Venus et Serena se sont affrontées 31 fois, avec un avantage pour la cadette Serena (19 victoires).

PZU

SWIATEK CARTONNE, GARCIA REDÉCOLLE

Comme en Grand Chelem, Iga Swiatek est restée la grande dame de la saison dans la catégorie des WTA 1000. Le clan français a aussi eu de quoi se réjouir : Caroline Garcia a retrouvé le goût des grands trophées.

Elle semble dubitative, mais Swiatek ressort pourtant de la tournée américaine avec l'étiquette de nouvelle reine du circuit.

INDIAN WELLS / MIAMI : SWIATEK RAYONNE SOUS LE SOLEIL

Après un début d'année loin d'être décevant (demi-finale à Adélaïde et à l'Australian Open), mais sans doute un peu léger au vu des attentes qui pèsent sur elle, Iga Swiatek a appuyé sur l'accélérateur à partir de février. Et plus personne ne l'a revue…

La Polonaise de 20 ans a commencé sa moisson printanière à Doha avant de mettre tout le monde d'accord en trois semaines lors de la tournée américaine. Quasi intouchable, elle n'a fait aucun détail à Indian Wells. Maria Sakkari, dominée en deux sets secs en finale dans des conditions venteuses, peut en témoigner !

Mais Iga ne s'est pas reposée sur ses lauriers. Celle qui était assurée de récupérer la place de nº 1 mondiale à la suite de la retraite de Barty a mis un point d'honneur à honorer son accession sur le trône avec un nouveau triomphe à Miami. Hyper agressive, elle n'a pas tremblé en finale face à la Japonaise Naomi Osaka, qui était de retour au premier plan après une fin d'année 2021 difficile sur le plan émotionnel. Swiatek est seulement la quatrième joueuse – et la plus jeune – à réussir le fameux Sunshine Double (victoire à Indian Wells et Miami la même année), après Steffi Graf, Kim Clijsters et Victoria Azarenka.

Plutôt considérée comme monosurface au début, la Polonaise a rapidement pris du galon en dehors de la terre battue. Une réussite qui doit aussi beaucoup à son travail sur le plan mental. « J'ai appris beaucoup de choses sur moi-même, que je peux enchaîner, que je n'ai pas besoin de me sentir à 100 % sur les points pour gagner contre des grandes joueuses. Je peux me faire un peu plus confiance maintenant », a souligné celle qui est devenue l'incontestable patronne du circuit.

La fusée Swiatek a pris son envol sur le ciment américain.
Elle ne redescendra pas avant longtemps.

Naomi Osaka a retrouvé le plaisir de jouer à Miami. En 2021, l'ancienne n° 1 mondiale avait décidé de prendre un peu de recul par rapport au circuit, ne jouant plus après l'US Open.

Malgré un début de match à son avantage, la Grecque Maria Sakkari a baissé pavillon face à Swiatek.

Sur son nuage, Caroline Garcia a plané au-dessus de la concurrence à Cincinnati.

La Lyonnaise en est tombée à la renverse. Après des années de doute, la voilà revenue dans le gratin des meilleures joueuses du monde.

CINCINNATI : « FLYING CARO » A RETROUVÉ SES AILES

Pour tout dire, on l'avait presque perdue de vue. Depuis sa fin d'année 2017 tonitruante et ses triomphes à Wuhan et Pékin, Caroline Garcia avait peu à peu perdu pied, s'enfonçant conjointement dans ses doutes, au classement, et à travers l'anonymat du circuit. Elle n'était jamais sortie du Top 100 des meilleures joueuses mondiales, mais ses performances restaient plus que discrètes. Un crève-cœur pour les fans de la Lyonnaise, qui avait été adoubée « future nº 1 mondiale » par Andy Murray dans un tweet devenu célèbre.

Et puis… et puis il y a eu Roland-Garros de cette année, et cette victoire en double avec Kristina Mladenovic. La suite fut un festival. Le phénix Garcia renaît de ses cendres, enchaînant les titres sur toutes les surfaces en moins de trois mois : Bad Homburg sur gazon, Varsovie sur terre battue (avec au passage une victoire face à Iga Swiatek, qui n'avait pas perdu de toute la saison sur ocre), puis Cincinnati. La Française arrivait en forme dans l'Ohio, mais son classement n'était pas encore à la hauteur des meilleures et elle a dû passer par les qualifications. Qu'à cela ne tienne, Caro est passée par les qualifications, avant d'écarter tour à tour Petra Martic, Maria Sakkari (3ᵉ), Elise Mertens, Jessica Pegula (8ᵉ), Aryna Sabalenka (7ᵉ) pour se qualifier en finale. Irrésistible, la Française a survolé cette dernière rencontre face à Petra Kvitova. Service de feu (11 aces au total), mental de fer, et agressivité permanente : la Française n'a pas laissé la moindre chance à la Tchèque. Au-delà de ce trophée, la Lyonnaise a écrit une page d'histoire en devenant la première joueuse à remporter un WTA 1000 en étant issue des qualifications. « Le chemin a été fou ces dernières semaines », a soufflé la gagnante.

Le secret de cette renaissance? Un mélange de confiance et de travail. Caroline Garcia se dit désormais pleinement à l'aise avec son identité de jeu. Très offensive, elle n'hésite toujours pas à prendre des risques, mais pas de manière inconsidérée. Elle impose une pression énorme dès le retour en s'avançant quasi systématiquement dans le court. « Faire des coups gagnants, rentrer dans le court, monter au filet, réussir des volées… j'adore ça, c'est le tennis que j'aime », a-t-elle observé. Enfin, son service est devenu une arme fatale : puissant, difficilement lisible, il est un cauchemar pour les adversaires. À la fin septembre, la Française trônait d'ailleurs en tête des joueuses ayant réussi le plus grand nombre d'aces (assez nettement devant Elena Rybakina et Karolina Pliskova). À 28 ans, Caro n'a sans doute pas fini de planer sur le circuit.

OPEN D'AUSTRALIE
SIMPLE MESSIEURS

1. Salvator Caruso
2. Miomir Kecmanovic
3. Mikhail Kukushkin
4. Tommy Paul
5. Oscar Otte
6. Chun Hsin Tseng
7. Sam Querrey
8. Lorenzo Sonego
9. Gaël Monfils
10. Federico Coria
11. Alexander Bublik
12. Ernesto Escobedo
13. Federico Delbonis
14. Pedro Martinez
15. Facundo Bagnis
16. Cristian Garín
17. Cameron Norrie
18. Sebastian Korda
19. Corentin Moutet
20. Lucas Pouille
21. Tallon Griekspoor
22. Fabio Fognini
23. Tomás Etcheverry
24. Pablo Carreño
25. Carlos Alcaraz
26. Alejandro Tabilo
27. Márton Fucsovics
28. Dušan Lajovic
29. Stefan Kozlov
30. Jiri Veselý
31. Brandon Nakashima
32. Matteo Berrettini
33. Alexander Zverev
34. Daniel Altmaier
35. Feliciano López
36. John Millman
37. Radu Albot
38. Yoshihito Nishioka
39. Aleksandar Vukic
40. Lloyd Harris
41. Reilly Opelka
42. Kevin Anderson
43. Dominik Koepfer
44. Carlos Taberner
45. Holger Rune
46. Soonwoo Kwon
47. Laslo Djere
48. Denis Shapovalov
49. Hubert Hurkacz
50. Egor Gerasimov
51. James Duckworth
52. Adrian Mannarino
53. Nikola Milojevic
54. Mackenzie McDonald
55. Jaume Munar
56. Aslan Karatsev
57. Karen Khachanov
58. Denis Kudla
59. Benjamin Bonzi
60. Peter Gojowczyk
61. Yannick Hanfmann
62. Thanasi Kokkinakis
63. Marcos Giron
64. Rafael Nadal
65. Roman Safiullin
66. Alex Molcan
67. Damir Džumhur
68. Pablo Andújar
69. Andreas Seppi
70. Kamil Majchrzak
71. Lorenzo Musetti
72. Alex De Minaur
73. Nikoloz Basilashvili
74. Andy Murray
75. Taro Daniel
76. Tomás Barrios
77. Steve Johnson
78. Jordan Thompson
79. João Sousa
80. Jannik Sinner
81. Roberto Bautista
82. Stefano Travaglia
83. Philipp Kohlschreiber
84. Marco Cecchinato
85. Frances Tiafoe
86. Marco Trungelliti
87. Maximilian Marterer
88. Taylor Fritz
89. Grigor Dimitrov
90. Jiri Lehecka
91. Benoît Paire
92. Thiago Monteiro
93. Sebastián Báez
94. Albert Ramos
95. Mikael Ymer
96. Stefanos Tsitsipas
97. Andrey Rublev
98. Gianluca Mager
99. Roberto Carballés
100. Ricardas Berankis
101. Timofey Skatov
102. Norbert Gombos
103. Emilio Gómez
104. Marin Cilic
105. Daniel Evans
106. David Goffin
107. Alexei Popyrin
108. Arthur Rinderknech
109. Alejandro Davidovich
110. Alex Bolt
111. Emil Ruusuvuori
112. Félix Auger-Aliassime
113. Diego Schwartzman
114. Filip Krajinovic
115. Christopher O'Connell
116. Hugo Gaston
117. Tomáš Machác
118. Juan Manuel Cerúndolo
119. Maxime Cressy
120. John Isner
121. Ugo Humbert
122. Richard Gasquet
123. Botic van de Zandschulp
124. Jan-Lennard Struff
125. Liam Broady
126. Nick Kyrgios
127. Henri Laaksonen
128. Daniil Medvedev

MIOMIR KECMANOVIC	6/4 6/2 6/1
TOMMY PAUL	6/3 6/4 6/2
OSCAR OTTE	6/4 6/3 6/2
LORENZO SONEGO	7/5 6/3 6/3
GAËL MONFILS	6/1 6/1 6/3
ALEXANDER BUBLIK	3/6 7/6 6/3 6/3
PEDRO MARTÍNEZ	7/6 3/6 6/4 6/2
CRISTIAN GARÍN	6/3 6/4 5/7 6/7 6/3
SEBASTIAN KORDA	6/3 6/0 6/4
CORENTIN MOUTET	3/6 6/3 6/4 6/3
TALLON GRIEKSPOOR	6/1 6/4 6/4
PABLO CARREÑO	6/1 6/2 7/6
CARLOS ALCARAZ	6/2 6/2 6/3
DUŠAN LAJOVIC	6/3 4/6 6/1 6/7 6/1
STEFAN KOZLOV	7/5 6/3 6/4
MATTEO BERRETTINI	4/6 6/2 7/6 6/3
ALEXANDER ZVEREV	7/6 6/1 7/6
JOHN MILLMAN	6/1 6/3 4/6 7/5
RADU ALBOT	6/3 6/4 4/6 6/2
ALEKSANDAR VUKIC	4/6 6/3 7/5 7/6
REILLY OPELKA	6/3 6/4 7/6
DOMINIK KOEPFER	6/1 3/6 6/4 6/1
SOONWOO KWON	3/6 6/4 3/6 6/3 6/2
DENIS SHAPOVALOV	7/6 6/4 3/6 7/6
HUBERT HURKACZ	6/2 7/6 6/7 6/3
ADRIAN MANNARINO	6/4 2/6 3/6 6/2 6/1
MACKENZIE MCDONALD	5/7 6/4 6/3 6/2
ASLAN KARATSEV	3/6 7/6 6/7 6/4 6/4
KAREN KHACHANOV	3/6 6/3 6/2 7/6
BENJAMIN BONZI	6/3 6/3 6/3
YANNICK HANFMANN	6/2 6/3 6/2
RAFAEL NADAL	6/1 6/4 6/2
ALEX MOLCAN	6/3 7/6 5/7 7/6
PABLO ANDÚJAR	6/1 7/5 6/1
KAMIL MAJCHRZAK	6/1 6/1 7/5
ALEX DE MINAUR	3/6 6/3 6/0 6/3
ANDY MURRAY	6/1 3/6 6/4 6/7 6/4
TARO DANIEL	7/6 6/1 6/1
STEVE JOHNSON	7/6 6/7 4/6 6/3 6/3
JANNIK SINNER	6/4 7/5 6/1
ROBERTO BAUTISTA	7/6 6/4 5/7 6/1
PHILIPP KOHLSCHREIBER	6/4 7/5 7/6
FRANCES TIAFOE	3/6 6/4 6/2 3/6 6/3
TAYLOR FRITZ	7/6 6/3 6/2
GRIGOR DIMITROV	6/4 4/6 6/3 7/5
BENOÎT PAIRE	6/4 3/6 7/5 2/6 7/5
SEBASTIÁN BÁEZ	6/4 4/6 6/3 1/6 6/2
STEFANOS TSITSIPAS	6/2 6/4 6/3
ANDREY RUBLEV	6/3 6/2 6/2
RICARDAS BERANKIS	6/1 3/6 2/6 6/3 6/4
NORBERT GOMBOS	6/3 6/2 1/6 6/4
MARIN CILIC	6/3 6/1 6/2
DANIEL EVANS	6/4 6/3 0/6
ARTHUR RINDERKNECH	7/5 4/6 6/2 3/6 3/6
ALEJANDRO DAVIDOVICH	6/3 6/3 6/4
FÉLIX AUGER-ALIASSIME	6/4 0/6 3/6 6/3 6/4
DIEGO SCHWARTZMAN	6/3 6/4 7/5
CHRISTOPHER O'CONNELL	7/6 6/0 4/6 6/1
TOMÁŠ MACHÁC	6/3 2/6 6/4 6/2
MAXIME CRESSY	7/6 7/5 6/7 6/7 6/4
RICHARD GASQUET	3/6 7/6 7/6 6/3
BOTIC VAN DE ZANDSCHULP	6/4 6/3 6/2
NICK KYRGIOS	6/4 6/4 6/3
DANIIL MEDVEDEV	6/1 6/4 7/6

M. KECMANOVIC	7/6 7/5 7/6
L. SONEGO	2/6 6/2 6/3 6/1
G. MONFILS	6/1 6/0 6/4
C. GARÍN	6/7 7/6 2/6 6/2 6/2
S. KORDA	3/6 6/4 6/7 7/5 7/6
P. CARREÑO	6/3 6/7 7/6 3/6 6/4
C. ALCARAZ	6/2 6/1 7/5
M. BERRETTINI	6/1 4/6 6/4 6/1
A. ZVEREV	6/4 6/4 6/0
R. ALBOT	6/4 7/6 6/4
R. OPELKA	6/4 6/3 7/6
D. SHAPOVALOV	7/6 6/7 6/7 7/5 6/2
A. MANNARINO	6/4 6/2 6/3
A. KARATSEV	3/6 6/2 6/2 6/3
K. KHACHANOV	6/4 6/0 7/5
R. NADAL	6/2 6/36/4
P. ANDÚJAR	6/4 7/6 0/6 6/1
A. DE MINAUR	6/4 6/4 6/2
T. DANIEL	6/4 6/4 6/4
J. SINNER	6/2 6/4 6/3
R. BAUTISTA	6/1 6/0 6/3
T. FRITZ	6/4 6/3 7/6
B. PAIRE	6/4 6/4 6/7 7/6
S. TSITSIPAS	7/6 6/7 6/3 6/4
A. RUBLEV	6/4 6/2 6/0
M. CILIC	6/2 6/3 3/6 7/6
D. EVANS	ABANDON
F. AUGER-ALIASSIME	7/6 6/7 7/6 7/6
C. O'CONNELL	7/6 6/4 6/4
M. CRESSY	6/1 3/6 6/1 7/6
B. VAN DE ZANDSCHULP	4/6 6/0 4/0 ab.
D. MEDVEDEV	7/6 6/4 4/6 6/2

M. KECMANOVIC	6/4 6/7 6/2 7/5
G. MONFILS	7/6 6/1 6/3
P. CARREÑO	6/4 7/5 6/7 6/3
M. BERRETTINI	6/2 7/6 4/6 2/6 7/6
A. ZVEREV	6/3 6/4 6/4
D. SHAPOVALOV	7/6 4/6 6/3 6/4
A. MANNARINO	7/6 6/7 7/ 6/4
R. NADAL	6/3 6/2 3/6 6/1
A. DE MINAUR	6/4 6/4 6/2
J. SINNER	6/4 1/6 6/3 6/1
T. FRITZ	6/0 3/6 3/6 6/4 6/3
S. TSITSIPAS	6/3 7/5 6/7 6/4
M. CILIC	7/5 7/6 3/6 6/3
FÉLIX AUGER-ALIAS	6/4 6/16/1
MAXIME CRESSY	6/2 6/7 6/3 6/2
D. MEDVEDEV	6/4 6/4 6/2

G. MONFILS	7/5 7/6 6/3
M. BERRETTINI	7/5 7/6 6/4
D. SHAPOVALOV	6/3 7/6 6/3
R. NADAL	7/6 6/2 6/2
J. SINNER	7/6 6/3 6/4
S. TSITSIPAS	4/6 6/4 4/6 6/3 6/4
F. AUGER-ALIAS	2/6 7/6 6/2 7/6
D. MEDVEDEV	6/2 7/6 6/7 7/5

M. BERRETTINI	6/4 6/4 3/6 3/6 6/2
R. NADAL	6/3 6/4 4/6 3/6 6/3
S. TSITSIPAS	6/3 6/4 6/2
D. MEDVEDEV	6/7 3/6 7/6 7/5 6/4

R. NADAL	6/3 6/2 3/6 6/3
D. MEDVEDEV	7/6 4/6 6/4 6/1

R. NADAL
2/6 6/7 6/4 6/4 7/5

TÊTES DE SÉRI

1. DJOKOVIC (AB
2. MEDVEDE
3. ZVERE
4. TSITSIPA
5. RUBLE
6. NADA
7. BERRETTIN
8. RUUD (AB
9. AUGER-ALIASSIM
10. HURKAC

OPEN D'AUSTRALIE
SIMPLE DAMES

RÉSULTATS

Joueuses	Vainqueur	Score
Ashleigh Barty / Lesia Tsurenko	ASHLEIGH BARTY	6/0 6/1
Varvara Gracheva / Lucia Bronzetti	LUCIA BRONZETTI	3/6 6/2 6/3
Tereza Martincová / Lauren Davis	TEREZA MARTINCOVÁ	7/5 6/2
Anastasia Potapova / Camila Giorgi	CAMILA GIORGI	6/4 6/0
Belinda Bencic / Kristina Mladenovic	BELINDA BENCIC	6/4 6/3
Arianne Hartono / Amanda Anisimova	AMANDA ANISIMOVA	2/6 6/4 6/3
Dayana Yastremska / Madison Brengle	MADISON BRENGLE	6/1 0/6 5/0 ab.
Camila Osorio / Naomi Osaka	NAOMI OSAKA	6/3 6/3
Irina Bara / Nuria Párrizas	NURIA PÁRRIZAS	6/3 6/1
Maryna Zanevska / Kaja Juvan	MARYNA ZANEVSKA	7/6 7/6
Bernarda Pera / Ekaterina Alexandrova	BERNARDA PERA	7/5 6/3
Anhelina Kalinina / Jessica Pegula	JESSICA PEGULA	4/6 7/6 7/5
Veronika Kudermetova / Claire Liu	VERONIKA KUDERMETOVA	6/4 6/4
Gabriela Ruse / Jasmine Paolini	GABRIELA RUSE	6/1 6/3
Aliaksandra Sasnovich / Qinwen Zheng	QINWEN ZHENG	6/3 1/6 7/6
Tatjana Maria / Maria Sakkari	MARIA SAKKARI	6/4 7/6
Barbora Krejcíková / Andrea Petkovic	BARBORA KREJCÍKOVÁ	6/2 6/0
Viktória Kužmová / Xiyu Wang	XIYU WANG	7/5 6/3
Donna Vekic / Alison Riske-Amritraj	ALISON RISKE-AMRITRAJ	6/2 6/2
Anna Karolína Schmiedlová / Jelena Ostapenko	JELENA OSTAPENKO	6/7 6/4 6/1
Victoria Azarenka / Panna Udvardy	VICTORIA AZARENKA	6/3 6/1
Petra Martic / Jil Teichmann	JIL TEICHMANN	6/3 6/3
Yulia Putintseva / Harmony Tan	HARMONY TAN	6/3 6/3
Fiona Ferro / Elina Svitolina	ELINA SVITOLINA	6/1 7/6
Sofia Kenin / Madison Keys	MADISON KEYS	7/6 7/5
Greet Minnen / Jaqueline Cristian	JAQUELINE CRISTIAN	7/5 6/4
Alison Van Uytvanck / Cristina Bucsa	ALISON VAN UYTVANCK	6/3 6/4
Qiang Wang / Cori Gauff	QIANG WANG	6/4 6/2
Sara Sorribes / Kirsten Flipkens	SARA SORRIBES	6/4 6/1
Diane Parry / Marta Kostyuk	MARTA KOSTYUK	6/1 7/6
Nao Hibino / Martina Trevisan	MARTINA TREVISAN	6/2 6/3
Ajla Tomljanovic / Paula Badosa	PAULA BADOSA	6/4 6/0
Anett Kontaveit / Katerina Siniaková	ANETT KONTAVEIT	6/2 6/3
Clara Tauson / Astra Sharma	CLARA TAUSON	6/3 6/4
Ana Konjuh / Shelby Rogers	ANA KONJUH	4/6 6/3 7/5
Caroline Dolehide / Danielle Collins	DANIELLE COLLINS	6/1 6/3
Elise Mertens / Vera Zvonareva	ELISE MERTENS	6/4 7/5
Océane Dodin / Irina Begu	IRINA BEGU	2/6 7/5 6/3
Viktorija Golubic / Shuai Zhang	SHUAI ZHANG	6/3 6/4
Zarina Diyas / Elena Rybakina	ELENA RYBAKINA	6/7 7/6 6/1
Simona Halep / Magdalena Frech	SIMONA HALEP	6/4 6/3
Katie Volynets / Beatriz Haddad Maia	BEATRIZ HADDAD MAIA	3/6 6/2 6/3
Su Jeong Jang / Danka Kovinic	DANKA KOVINIC	6/3 2/6 6/4
Sloane Stephens / Emma Raducanu	EMMA RADUCANU	6/0 2/6 6/1
Tamara Zidanšek / Arantxa Rus	TAMARA ZIDANŠEK	3/6 6/3 7/6
Heather Watson / Mayar Sherif	HEATHER WATSON	6/3 5/7 6/2
Alizé Cornet / Viktoriya Tomova	ALIZÉ CORNET	6/3 6/3
Clara Burel / Garbiñe Muguruza	GARBIÑE MUGURUZA	6/3 6/4
Iga Swiatek / Harriet Dart	IGA SWIATEK	6/3 6/0
Daria Saville / Rebecca Peterson	REBECCA PETERSON	6/2 6/3
Magda Linette / Anastasija Sevastova	MAGDA LINETTE	6/4 7/5
Stefanie Vögele / Daria Kasatkina	DARIA KASATKINA	6/3 6/1
Petra Kvitová / Sorana Cirstea	SORANA CIRSTEA	6/2 6/2
Misaki Doi / Kristina Kucová	KRISTÍNA KUCOVÁ	6/3 7/5
Robin Anderson / Samantha Stosur	SAMANTHA STOSUR	6/7 6/3 6/3
Anna Bondár / Anastasia Pavlyuchenkova	ANASTASIA PAVLYUCHENKOVA	6/2 6/1
Angelique Kerber / Kaia Kanepi	KAIA KANEPI	6/4 6/3
Marie Bouzková / Rebecca Marino	MARIE BOUZKOVÁ	6/1 6/3
Hailey Baptiste / Caroline Garcia	HAILEY BAPTISTE	4/6 7/6 6/3
Maddison Inglis / Leylah Fernandez	MADDISON INGLIS	6/4 6/2
Markéta Vondroušová / Priscilla Hon	MARKÉTA VONDROUŠOVÁ	6/2 6/3
Emina Bektas / Liudmila Samsonova	LIUDMILA SAMSONOVA	7/5 6/4
Ann Li / Xinyu Wang	XINYU WANG	7/6 6/3
Storm Sanders / Aryna Sabalenka	ARYNA SABALENKA	5/7 6/3 6/2

Vainqueur	Score
A. BARTY	6/1 6/1
C. GIORGI	6/2 7/6
A. ANISIMOVA	6/2 5/7
N. OSAKA	6/0 6/4
N. PÁRRIZAS	FORFAIT
J. PEGULA	6/4 6/4
V. KUDERMETOVA	6/2 7/5
M. SAKKARI	6/1 6/4
B. KREJCÍKOVÁ	6/2 6/3
J. OSTAPENKO	4/6 6/26/4
V. AZARENKA	6/1 6/2
E. SVITOLINA	6/3 5/7 5/1 ab.
MADISON KEYS	6/2 7/5
Q. WANG	2/6 7/6 6/3
M. KOSTYUK	7/6 6/3
P. BADOSA	6/0 6/3
C. TAUSON	6/2 6/4
D. COLLINS	6/4 6/3
E. MERTENS	6/3 6/2
S. ZHANG	6/4 1/0 ab.
S. HALEP	6/2 6/0
D. KOVINIC	6/4 4/6 6/3
T. ZIDANŠEK	7/6 6/4
A. CORNET	6/3 6/3
I. SWIATEK	6/2 6/2
D. KASATKINA	6/26/3
S. CIRSTEA	6/2 6/4
A. PAVLYUCHENKOVA	6/2 6/2
K. KANEPI	6/2 7/6
M. INGLIS	7/6 2/6 6/2
M. VONDROUŠOVÁ	6/2 7/5
A.SABALENKA	1/6 6/4 6/2

Vainqueur	Score
A. BARTY	6/2 6/3
A. ANISIMOVA	4/6 6/3 7/6
J. PEGULA	7/6 6/2
M. SAKKARI	6/4 6/1
B. KREJCÍKOVÁ	2/6 6/4 6/4
V. AZARENKA	6/0 6/2
M. KEYS	4/6 6/3 7/6
P. BADOSA	6/2 7/5 4/6
D. COLLINS	4/6 6/4 7/5
E. MERTENS	6/2 6/2
S. HALEP	6/2 6/1
A. CORNET	4/6 6/4 6/2
I. SWIATEK	6/2 6/3
S. CIRSTEA	6/3 2/6 6/2
K. KANEPI	2/6 6/2 6/0
A. SABALENKA	4/6 6/3 6/1

Vainqueur	Score
A. BARTY	6/4 6/3
J. PEGULA	7/6 6/3
B. KREJCÍKOVÁ	6/2 6/2
M. KEYS	6/3 6/1
D. COLLINS	4/6 6/4 6/4
A. CORNET	6/4 3/6 6/4
I. SWIATEK	5/7 6/3 6/3
K. KANEPI	5/7 6/2 7/6

Vainqueur	Score
A. BARTY	6/2 6/0
M. KEYS	6/3 6/2
D. COLLINS	7/5 6/1
I. SWIATEK	4/6 7/6 6/3

Vainqueur	Score
A. BARTY	6/1 6/3
D. COLLINS	6/4 6/1

Vainqueur	Score
A. BARTY	6/3 7/6

TÊTES DE SÉRIE

1. BARTY
2. SABALENKA
3. MUGURUZA
4. KREJCIKOVA
5. SAKKARI
6. KONTAVEIT
7. SWIATEK
8. BADOSA
9. JABEUR
10. PAVLYUCHENKOVA

ROLAND-GARROS
SIMPLE MESSIEURS

1. Novak Djokovic
2. Yoshihito Nishioka
3. Alex Molcan
4. Federico Coria
5. Aljaž Bedene
6. Christopher O'Connell
7. Pablo Cuevas
8. Jenson Brooksby
9. Grigor Dimitrov
10. Marcos Giron
11. Borna Coric
12. Carlos Taberner
13. Daniel Altmaier
14. Jaume Munar
15. Andrey Kuznetsov
16. Diego Schwartzman
17. Félix Auger-Aliassime
18. Juan Pablo Varillas
19. Camilo Ugo
20. Aslan Karatsev
21. Alessandro Giannessi
22. Borna Gojo
23. Filip Krajinovic
24. Reilly Opelka
25. Botic van de Zandschulp
26. Pavel Kotov
27. Fabio Fognini
28. Alexei Popyrin
29. Stan Wawrinka
30. Corentin Moutet
31. Jordan Thompson
32. Rafael Nadal
33. Alexander Zverev
34. Sebastian Ofner
35. Dušan Lajovic
36. Sebastián Báez
37. Brandon Nakashima
38. Kamil Majchrzak
39. Tallon Griekspoor
40. Alejandro Davidovich
41. John Isner
42. Quentin Halys
43. Taro Daniel
44. Grégoire Barrère
45. Michael Mmoh
46. Bernabé Zapata
47. Santiago Rodríguez
48. Taylor Fritz
49. Cameron Norrie
50. Manuel Guinard
51. Jason Kubler
52. Denis Kudla
53. Hugo Dellien
54. Dominic Thiem
55. Nuno Borges
56. Karen Khachanov
57. Sebastian Korda
58. John Millman
59. Lloyd Harris
60. Richard Gasquet
61. Albert Ramos
62. Thanasi Kokkinakis
63. Juan Ignacio Londero
64. Carlos Alcaraz
65. Casper Ruud
66. Jo-Wilfried Tsonga
67. Emil Ruusuvuori
68. Ugo Humbert
69. João Sousa
70. Chun Hsin Tseng
71. Peter Gojowczyk
72. Lorenzo Sonego
73. Frances Tiafoe
74. Benjamin Bonzi
75. Jiri Lehecka
76. David Goffin
77. Marco Cecchinato
78. Pablo Andújar
79. Giulio Zeppieri
80. Hubert Hurkacz
81. Denis Shapovalov
82. Holger Rune
83. Pedro Martínez
84. Henri Laaksonen
85. Norbert Gombos
86. Pedro Cachin
87. Hugo Gaston
88. Alex De Minaur
89. Daniel Evans
90. Francisco Cerúndolo
91. Mikael Ymer
92. James Duckworth
93. Lucas Pouille
94. Zdenek Kolár
95. Lorenzo Musetti
96. Stefanos Tsitsipas
97. Andrey Rublev
98. Soonwoo Kwon
99. Adrian Mannarino
100. Federico Delbonis
101. Benoît Paire
102. Ilya Ivashka
103. Cristian Garín
104. Tommy Paul
105. Nikoloz Basilashvili
106. Maxime Cressy
107. Mackenzie McDonald
108. Franco Agamenone
109. Roberto Carballés
110. Oscar Otte
111. Bjorn Fratangelo
112. Jannik Sinner
113. Pablo Carreño
114. Gilles Simon
115. Jiri Veselý
116. Steve Johnson
117. Márton Fucsovics
118. Geoffrey Blancaneaux
119. Attila Balázs
120. Marin Cilic
121. Miomir Kecmanovic
122. Tomás Etcheverry
123. Arthur Rinderknech
124. Alexander Bublik
125. Ricardas Berankis
126. Laslo Djere
127. Facundo Bagnis
128. Daniil Medvedev

NOVAK DJOKOVIC	6/3 6/1 6/0
ALEX MOLCAN	6/3 6/4 3/6 6/3
ALJAŽ BEDENE	6/2 6/4 6/7 6/1
PABLO CUEVAS	6/2 6/1 6/2
GRIGOR DIMITROV	6/1 6/1 6/1
BORNA CORIC	3/6 6/2 6/3 6/1
JAUME MUNAR	6/1 6/3 4/6 6/3
DIEGO SCHWARTZMAN	6/3 1/6 6/4 6/2
FÉLIX AUGER-ALIASSIME	2/6 2/6 6/1 6/3 6/3
CAMILO UGO	6/3 4/6 6/4 3/6 7/6
BORNA GOJO	6/4 6/7 6/7 7/6 6/4
FILIP KRAJINOVIC	7/66/26/3
BOTIC VAN DE ZANDSCHULP	6/33/66/36/2
FABIO FOGNINI	6/4 7/5 6/4
CORENTIN MOUTET	2/6 6/3 7/6 6/3
RAFAEL NADAL	6/2 6/2 6/2
ALEXANDER ZVEREV	6/2 6/4 6/4
SEBASTIÁN BÁEZ	6/3 3/6 6/4 6/3
BRANDON NAKASHIMA	6/42/64/67/66/2
TALLON GRIEKSPOOR	2/6 6/0 6/4 6/3
JOHN ISNER	7/6 4/6 7/6 7/6
GRÉGOIRE BARRÈRE	3/6 6/2 0/6 6/3 6/4
BERNABÉ ZAPATA	7/6 6/3 7/5
TAYLOR FRITZ	7/6 3/6 6/3 4/6 6/4
CAMERON NORRIE	7/5 6/2 6/0
JASON KUBLER	7/6 7/6 7/6
HUGO DELLIEN	6/3 6/2 6/4
KAREN KHACHANOV	6/3 2/6 6/4 6/4
SEBASTIAN KORDA	6/1 7/5 7/6
RICHARD GASQUET	6/1 6/3 6/4
ALBERT RAMOS	6/4 4/6 6/4 7/6
CARLOS ALCARAZ	6/4 6/2 6/0
CASPER RUUD	6/7 7/6 6/2 7/6
EMIL RUUSUVUORI	6/2 2/6 6/7 6/4 6/2
JOÃO SOUSA	6/7 6/1 4/6 6/1 6/4
LORENZO SONEGO	6/2 6/2 6/1
FRANCES TIAFOE	7/5 7/5 7/6
DAVID GOFFIN	6/44/66/46/4
MARCO CECCHINATO	4/64/66/07/56/0
HUBERT HURKACZ	7/5 6/2 7/5
HOLGER RUNE	6/3 6/1 7/6
HENRI LAAKSONEN	2/6 6/4 6/4 7/6
PEDRO CACHÍN	6/1 3/6 6/2 6/3
HUGO GASTON	4/6 6/2 6/3 0/6 7/6
DANIEL EVANS	7/6 6/4 6/4
MIKAEL YMER	6/2 6/4 6/2
ZDENEK KOLÁR	6/3 4/6 7/5 6/4
STEFANOS TSITSIPAS	5/7 4/6 6/2 6/3 6/2
ANDREY RUBLEV	6/7 6/3 6/2 6/4
FEDERICO DELBONIS	6/1 7/6 6/2
ILYA IVASHKA	6/3 7/5 6/1 7/5
CRISTIAN GARÍN	5/7 6/1 6/2 6/3
NIKOLOZ BASILASHVILI	3/6 2/6 7/6 6/4 6/4
MACKENZIE MCDONALD	1/6 6/2 6/3 7/6
ROBERTO CARBALLÉS	7/6 6/1 3/6 2/6 6/3
JANNIK SINNER	6/36/26/3
GILLES SIMON	6/4 6/4 4/6 1/6 6/4
STEVE JOHNSON	6/7 7/6 6/3 6/2
MÁRTON FUCSOVICS	6/2 6/4 6/4
MARIN CILIC	6/0 6/1 6/2
MIOMIR KECMANOVIC	6/3 7/5 6/3
ALEXANDER BUBLIK	6/2 6/4 6/4
LASLO DJERE	6/4 6/4 6/4
DANIIL MEDVEDEV	6/2 6/2 6/2

N. DJOKOVIC	6/2 6/3 7/6
A. BEDENE	4/6 6/4 7/6 6/4
G. DIMITROV	6/0 6/4 6/3
D. SCHWARTZMAN	2/6 6/7 6/2 6/2 6/2
F. AUGER-ALIASSIME	6/0 6/3 6/4
F. KRAJINOVIC	7/6 6/2 5/7 6/1
B. VAN DE ZANDSCHULP	6/4 7/6 3/2 ab.
R. NADAL	6/3 6/1 6/4
A. ZVEREV	2/6 4/6 6/1 6/2 7/5
B. NAKASHIMA	7/6 6/4 6/2
J. ISNER	6/4 6/4 3/6 7/6
B. ZAPATA	3/6 6/2 6/2 6/3
C. NORRIE	6/3 6/4 6/3
K. KHACHANOV	4/6 6/4 7/6 6/3
S. KORDA	7/6 6/3 6/3
C. ALCARAZ	6/1 6/7 5/7 7/6 6/4
C. RUUD	6/3 6/4 6/2
L. SONEGO	7/6 6/3 6/4
D. GOFFIN	3/67/66/26/4
H. HURKACZ	6/1 6/4 6/2
H. RUNE	6/2 6/3 6/3
H. GASTON	6/4 6/2 6/4
M. YMER	6/3 3/6 6/2 6/3
S. TSITSIPAS	6/3 7/6 6/7 7/6
A. RUBLEV	6/3 3/6 6/2 6/3
C. GARÍN	6/3 7/6 4/6 6/3
M. MCDONALD	6/3 6/1 6/4
J. SINNER	3/6 6/4 6/4 6/3
G. SIMON	7/5 6/1 7/6
M. CILIC	4/6 6/4 6/2 6/3
M. KECMANOVIC	4/6 7/5 6/2 6/1
D. MEDVEDEV	6/3 6/4 6/3

N. DJOKOVIC	6/3 6/3 6/2
D. SCHWARTZMAN	6/3 6/1 6/2
F. AUGER-ALIASSIME	7/67/67/5
R. NADAL	6/3 6/2 6/4
A. ZVEREV	7/6 6/3 7/6
B. ZAPATA	6/4 3/6 6/4 6/7 6/3
K. KHACHANOV	6/2 7/5 5/7 6/4
C. ALCARAZ	6/4 6/4 6/2
C. RUUD	6/2 6/7 1/6 6/4 6/3
H. HURKACZ	7/5 6/2 6/1
HOLGER RUNE	6/3 6/3 6/3
S. TSITSIPAS	6/2 6/2 6/1
A. RUBLEV	6/4 3/6 6/2 7/6
J. SINNER	6/3 7/6 6/3
M. CILIC	6/0 6/3 6/2
D. MEDVEDEV	6/2 6/4 6/2

N. DJOKOVIC	6/1 6/3 6/3
R. NADAL	3/6 6/3 6/2 3/6 6/3
A. ZVEREV	7/6 7/5 6/3
C. ALCARAZ	6/1 6/4 6/4
C. RUUD	6/2 6/3 3/6 6/3
H. RUNE	7/5 3/6 6/3 6/4
A. RUBLEV	1/6 6/4 2/0 ab.
M. CILIC	6/2 6/3 6/2

R. NADAL	6/2 4/6 6/2 7/6
A. ZVEREV	6/4 6/4 4/6 7/6
C. RUUD	6/1 4/6 7/6 6/3
M. CILIC	5/7 6/3 6/4 3/6 7/6

R. NADAL	7/6 6/6 ab.
C. RUUD	3/66/46/26/

R. NADAL	6/3 6/3 6/0

TÊTES DE SI

1. DJOKC
2. MEDVE
3. ZVE
4. TSITSI
5. NA
6. ALCA
7. RUE
8. RU
9. AUGER-ALIASS
10. NO

ROLAND-GARROS
SIMPLE DAMES

Tableau	1er tour	Score
ga Swiatek / esia Tsurenko	IGA SWIATEK	6/2 6/0
lison Riske-Amritraj / ayana Yastremska	ALISON RISKE-AMRITRAJ	6/3 6/3
nna Karolina Schmiedlová / ristina Kucová	ANNA KAROLÍNA SCHMIEDLOVÁ	4/6 7/6 6/2
anka Kovinic / iudmila Samsonova	DANKA KOVINIC	2/6 6/2 6/1
imona Halep / astasja Schunk	SIMONA HALEP	6/4 1/6 6/1
aryna Zanevska / inwen Zheng	QINWEN ZHENG	6/3 6/1
lizé Cornet / isaki Doi	ALIZÉ CORNET	6/2 6/0
ucia Bronzetti / elena Ostapenko	JELENA OSTAPENKO	6/1 6/4
essica Pegula / iang Wang	JESSICA PEGULA	6/2 6/4
ailey Baptiste / nhelina Kalinina	ANHELINA KALININA	5/2 ab.
ayar Sherif / arta Kostyuk	MAYAR SHERIF	6/3 7/5
laire Liu / amara Zidanšek	TAMARA ZIDANŠEK	6/2 6/2
katerina Alexandrova / reet Minnen	EKATERINA ALEXANDROVA	7/5 6/3
rina Begu / asmine Paolini	IRINA BEGU	4/6 6/1 7/6
éolia Jeanjean / uria Párrizas	LÉOLIA JEANJEAN	6/4 6/3
essah Andrianjafitrimo / arolina Plíšková	KAROLÍNA PLÍŠKOVÁ	2/6 6/3 6/1
aula Badosa / iona Ferro	PAULA BADOSA	6/2 6/0
ksana Selekhmeteva / aja Juvan	KAJA JUVAN	7/5 7/6
leksandra Krunic / amilla Rakhimova	ALEKSANDRA KRUNIC	6/4 6/3
in Zhu / eronika Kudermetova	VERONIKA KUDERMETOVA	6/4 3/6 6/4
adison Keys / nna Kalinskaya	MADISON KEYS	6/3 3/6 6/4
aylor Townsend / aroline Garcia	CAROLINE GARCIA	6/3 6/4
atie Volynets / iktorija Golubic	KATIE VOLYNETS	6/2 2/6 6/1
rantxa Rus / lena Rybakina	ELENA RYBAKINA	6/1 5/7 6/2
anielle Collins / iktoriya Tomova	DANIELLE COLLINS	6/0 6/4
helby Rogers / ereza Martincová	SHELBY ROGERS	6/3 6/3
anna Udvardy / ernanda Contreras	FERNANDA CONTRERAS	7/6 6/3
ebecca Šramková / aria Kasatkina	DARIA KASATKINA	6/2 6/0
amila Giorgi / huai Zhang	CAMILA GIORGI	3/6 6/2 6/2
ina Bara / ulia Putintseva	YULIA PUTINTSEVA	6/3 6/1
adison Brengle / ihaela Buzarnescu	MADISON BRENGLE	6/1 6/2
hloé Paquet / ryna Sabalenka	ARYNA SABALENKA	2/6 6/3 6/4
ns Jabeur / agda Linette	MAGDA LINETTE	3/6 7/6 7/5
artina Trevisan / arriet Dart	MARTINA TREVISAN	6/0 6/2
alentini Grammatikopoulou / aria Saville	DARIA SAVILLE	6/1 6/2
nna Bondár / etra Kvitová	PETRA KVITOVÁ	7/6 6/1
ngelique Kerber / agdalena Frech	ANGELIQUE KERBER	2/6 6/3 7/5
eather Watson / sa Jacquemot	ELSA JACQUEMOT	6/3 6/3
liaksandra Sasnovich / inyu Wang	ALIAKSANDRA SASNOVICH	6/4 6/1
nda Nosková / mma Raducanu	EMMA RADUCANU	6/7 7/5 6/1
elinda Bencic / éka Jani	BELINDA BENCIC	6/1 6/1
ianca Andreescu / saline Bonaventure	BIANCA ANDREESCU	3/6 7/5 6/0
aterina Siniaková / etra Martic	KATERINA SINIAKOVÁ	6/4 7/6
ristina Mladenovic / eylah Fernandez	LEYLAH FERNANDEZ	6/0 7/5
manda Anisimova / aomi Osaka	AMANDA ANISIMOVA	7/5 6/4
irjam Björklund / onna Vekic	DONNA VEKIC	7/6 6/2
arole Monnet / arolína Muchová	KAROLÍNA MUCHOVÁ	6/3 6/3
lara Burel / aria Sakkari	MARIA SAKKARI	6/2 6/3
nett Kontaveit / la Tomljanovic	AJLA TOMLJANOVIC	7/6 7/5
stra Sharma / arvara Gracheva	VARVARA GRACHEVA	4/6 6/4 7/5
nastasia Gasanova / arie Bouzková	MARIE BOUZKOVÁ	6/2 6/1
abriela Ruse / ise Mertens	ELISE MERTENS	6/3 6/1
oco Gauff / ebecca Marino	COCO GAUFF	7/5 6/0
ison Van Uytvanck / n Li	ALISON VAN UYTVANCK	3/6 2/3 ab.
eatriz Haddad Maia / ristina Bucsa	BEATRIZ HADDAD MAIA	6/3 1/6 6/2
aia Kanepi / arbiñe Muguruza	KAIA KANEPI	2/6 6/3 6/4
ctoria Azarenka / na Bogdan	VICTORIA AZARENKA	6/7 7/6 6/2
céane Dodin / ndrea Petkovic	ANDREA PETKOVIC	6/4 6/2
ga Danilovic / alma Gálfi	OLGA DANILOVIC	3/6 7/6 6/2
ernarda Pera / Teichmann	JIL TEICHMANN	6/2 6/1
rana Cirstea / tjana Maria	SORANA CIRSTEA	6/3 6/3
oane Stephens / le Niemeier	SLOANE STEPHENS	5/7 6/4 6/2
amila Osorio / armony Tan	CAMILA OSORIO	6/4 6/3
ane Parry / rbora Krejcíková	DIANE PARRY	1/6 6/2 6/3

2e tour

- I. SWIATEK 6/0 6/2
- D. KOVINIC 6/3 7/5
- Q. ZHENG 2/6 6/2 6/1
- A. CORNET 6/0 1/6 6/3
- J. PEGULA 6/1 5/7 6/4
- T. ZIDANŠEK FORFAIT
- I. BEGU 6/7 6/3 6/4
- L. JEANJEAN 6/2 6/2
- P. BADOSA 7/5 3/6 6/2
- V. KUDERMETOVA 6/3 6/3
- M. KEYS 6/4 7/6
- E. RYBAKINA 6/4 6/0
- S. ROGERS 6/4 6/3
- D. KASATKINA 6/0 6/3
- C. GIORGI 6/3 7/5
- A. SABALENKA 6/1 6/3
- M. TREVISAN 6/3 6/2
- D. SAVILLE 6/4 6/2
- A. KERBER 6/1 7/6
- A. SASNOVICH 3/6 6/1 6/1
- B. BENCIC 6/2 6/4
- L. FERNANDEZ 6/3 6/2
- A. ANISIMOVA 6/4 6/1
- KAROLÍNA MUCHOVÁ 7/6 7/6
- V. GRACHEVA 6/46/77/5
- E. MERTENS FORFAIT
- C. GAUFF 6/1 7/6
- K. KANEPI 6/4 6/4
- V. AZARENKA 6/1 7/6
- J. TEICHMANN 6/4 6/1
- S. STEPHENS 3/6 6/2 6/0
- D. PARRY 6/3 6/3

3e tour

- I. SWIATEK 6/3 7/5
- Q. ZHENG 6/0 3/0 ab.
- J. PEGULA 6/1 7/6
- I. BEGU 6/1 6/4
- V. KUDER 6/3 2/1 ab.
- M. KEYS 3/6 6/1 7/6
- D. KASATKINA 6/3 6/2
- C. GIORGI 4/6 6/1 6/0
- M. TREVISAN 6/3 6/4
- A. SASNOVICH 6/4 7/6
- L. FERNANDEZ 7/5 3/6 7/5
- A. ANISIMOVA 6/7 6/2 3/0 ab.
- E. MERTENS 6/2 6/3
- C. GAUFF 6/3 6/4
- J. TEICHMANN 4/6 7/5 7/6
- S. STEPHENS 6/2 6/3

Huitièmes de finale

- I. SWIATEK 6/7 6/0 6/2
- J. PEGULA 4/6 6/2 6/3
- V. KUDER 1/6 6/3 6/1
- D. KASATKINA 6/2 6/2
- M. TREVISAN 7/6 7/5
- L. FERNANDEZ 6/3 4/6 6/3
- C. GAUFF 6/4 6/0
- S. STEPHENS 6/2 6/0

Quarts de finale

- I. SWIATEK 6/3 6/2
- D. KASATKINA 6/4 7/6
- M. TREVISAN 6/2 6/7 6/3
- C. GAUFF 7/5 6/2

Demi-finales

- I. SWIATEK 6/2 6/1
- C. GAUFF 6/3 6/1

Finale

- I. SWIATEK 6/1 6/3

TÊTES DE SÉRIE

1. SWIATEK
2. KREJCIKOVA
3. BADOSA
4. SAKKARI
5. KONTAVEIT
6. JABEUR
7. SABALENKA
8. PLISKOVA
9. COLLINS
10. MUGURUZA

WIMBLEDON
SIMPLE MESSIEURS

1. Novak Djokovic
2. Soonwoo Kwon
3. Thanasi Kokkinakis
4. Kamil Majchrzak
5. Alejandro Tabilo
6. Laslo Djere
7. John Millman
8. Miomir Kecmanovic
9. Nikoloz Basilashvili
10. Lukáš Rosol
11. Benoît Paire
12. Quentin Halys
13. Tim van Rijthoven
14. Federico Delbonis
15. Carlos Taberner
16. Reilly Opelka
17. Jannik Sinner
18. Stan Wawrinka
19. Daniel Altmaier
20. Mikael Ymer
21. Andy Murray
22. James Duckworth
23. Enzo Couacaud
24. John Isner
25. Oscar Otte
26. Peter Gojowczyk
27. Jay Clarke
28. Christian Harrison
29. Tallon Griekspoor
30. Fabio Fognini
31. Jan-Lennard Struff
32. Carlos Alcaraz
33. Casper Ruud
34. Albert Ramos
35. Tomás Etcheverry
36. Ugo Humbert
37. David Goffin
38. Radu Albot
39. Taro Daniel
40. Sebastián Báez
41. Frances Tiafoe
42. Andrea Vavassori
43. Maximilian Marterer
44. Aljaž Bedene
45. Alexander Bublik
46. Márton Fucsovics
47. Dušan Lajovic
48. Pablo Carreño
49. Cameron Norrie
50. Pablo Andújar
51. Thiago Monteiro
52. Jaume Munar
53. Ryan Peniston
54. Henri Laaksonen
55. Steve Johnson
56. Grigor Dimitrov
57. Tommy Paul
58. Fernando Verdasco
59. Adrian Mannarino
60. Max Purcell
61. Federico Coria
62. Jiri Veselý
63. Alejandro Davidovich
64. Hubert Hurkacz
65. Elias Ymer
66. Cristian Garín
67. Marc-Andrea Hüsler
68. Hugo Grenier
69. Zdenek Kolár
70. Benjamin Bonzi
71. Mikhail Kukushkin
72. Jenson Brooksby
73. Alex De Minaur
74. Hugo Dellien
75. Zizou Bergs
76. Jack Draper
77. Liam Broady
78. Lukáš Klein
79. Stefan Kozlov
80. Diego Schwartzman
81. Denis Shapovalov
82. Arthur Rinderknech
83. Brandon Nakashima
84. Nicola Kuhn
85. Daniel Galán
86. Dominik Koepfer
87. Attila Balázs
88. Roberto Bautista
89. Filip Krajinovic
90. Jiri Lehecka
91. Paul Jubb
92. Nick Kyrgios
93. Roberto Carballés
94. Jordan Thompson
95. Alexander Ritschard
96. Stefanos Tsitsipas
97. Félix Auger-Aliassime
98. Maxime Cressy
99. Bernabé Zapata
100. Jack Sock
101. Dennis Novak
102. Facundo Bagnis
103. Jason Kubler
104. Daniel Evans
105. Holger Rune
106. Marcos Giron
107. Pedro Martínez
108. Alex Molcan
109. Alastair Gray
110. Chun Hsin Tseng
111. Lorenzo Musetti
112. Taylor Fritz
113. Nuno Borges
114. Mackenzie McDonald
115. João Sousa
116. Richard Gasquet
117. Emil Ruusuvuori
118. Yoshihito Nishioka
119. Feliciano López
120. Botic van de Zandschulp
121. Lorenzo Sonego
122. Denis Kudla
123. Alexei Popyrin
124. Hugo Gaston
125. Sam Querrey
126. Ricardas Berankis
127. Francisco Cerúndolo
128. Rafael Nadal

NOVAK DJOKOVIC	6/3 3/6 6/3 6/4
THANASI KOKKINAKIS	7/6 6/2 7/5
ALEJANDRO TABILO	7/6 6/2 1/6 4/6 7/6
MIOMIR KECMANOVIC	6/3 2/6 6/3 6/4
NIKOLOZ BASILASHVILI	6/7 7/6 3/6 6/3 6/3
QUENTIN HALYS	4/6 6/1 6/2 6/4
TIM VAN RIJTHOVEN	7/6 6/1 6/2
REILLY OPELKA	7/6 6/4 6/4
JANNIK SINNER	7/54/66/36/2
MIKAEL YMER	6/3 7/5 7/5
ANDY MURRAY	4/6 6/3 6/2 6/4
JOHN ISNER	6/7 7/6 4/6 6/3 7/5
OSCAR OTTE	6/1 6/2 6/1
CHRISTIAN HARRISON	7/6 6/1 7/6
TALLON GRIEKSPOOR	5/7 7/5 6/3 6/4
CARLOS ALCARAZ	4/67/54/67/66/4
CASPER RUUD	7/67/66/2
UGO HUMBERT	6/33/64/66/36/4
DAVID GOFFIN	6/26/27/6
SEBASTIÁN BÁEZ	6/4 6/4 7/5
FRANCES TIAFOE	6/4 6/4 6/4
MAXIMILIAN MARTERER	4/6 7/5 6/4 7/5
ALEXANDER BUBLIK	6/1 6/2 6/4
DUŠAN LAJOVIC	3/6 6/4 0/0 ab.
CAMERON NORRIE	6/0 7/6 6/3
JAUME MUNAR	6/2 6/4 7/5
RYAN PENISTON	6/4 6/3 6/2
STEVE JOHNSON	4/6 5/2 ab.
TOMMY PAUL	6/1 6/2 7/6
ADRIAN MANNARINO	6/3 7/6 4/6 4/6 6/4
JIRÍ VESELÝ	6/36/27/6
ALEJANDRO DAVIDOVICH	7/66/45/72/67/6
CRISTIAN GARÍN	6/37/56/4
HUGO GRENIER	6/37/66/72/66/4
BENJAMIN BONZI	6/3 6/3 6/1
JENSON BROOKSBY	6/3 6/2 6/3
ALEX DE MINAUR	6/1 6/3 7/5
JACK DRAPER	6/4 6/4 7/6
LIAM BROADY	4/6 6/3 7/5 6/7 6/3
DIEGO SCHWARTZMAN	6/3 6/2 6/2
DENIS SHAPOVALOV	6/1 6/7 6/7 6/4 6/1
BRANDON NAKASHIMA	6/3 6/7 6/3 6/2
DANIEL GALÁN	6/4 7/5 7/6
ROBERTO BAUTISTA	6/1 6/0 6/3
FILIP KRAJINOVIC	5/7 6/4 6/7 7/6 6/4
NICK KYRGIOS	3/6 6/1 7/5 6/7 7/5
JORDAN THOMPSON	6/46/16/1
STEFANOS TSITSIPAS	7/6 6/3 5/7 6/4
MAXIME CRESSY	6/7 6/4 7/6 7/6
JACK SOCK	7/6 6/4 6/4
DENNIS NOVAK	7/62/66/46/3
JASON KUBLER	6/1 6/4 6/3
MARCOS GIRON	6/3 7/5 6/4
ALEX MOLCAN	4/6 6/4 6/4 6/1
ALASTAIR GRAY	6/3 6/3 7/6
TAYLOR FRITZ	6/4 6/4 6/3
MACKENZIE MCDONALD	6/4 6/4 7/6
RICHARD GASQUET	7/6 6/2 4/6 4/6 6/3
EMIL RUUSUVUORI	6/2 6/2 4/6 6/4
BOTIC VAN DE ZANDSCHULP	6/2 6/3 6/3
LORENZO SONEGO	6/7 6/3 7/5 4/6 6/2
HUGO GASTON	6/2 4/6 0/6 7/6 6/3
RICARDAS BERANKIS	6/4 7/5 6/3
RAFAEL NADAL	6/4 6/3 3/6 6/4

N. DJOKOVIC	6/1 6/4 6/2
M. KECMANOVIC	7/6 7/6 3/6 6/3
N. BASILASHVILI	7/6 0/6 7/5 7/6
T. VAN RIJTHOVEN	6/4 6/7 7/6 7/6
J. SINNER	6/4 6/3 5/7 6/2
J. ISNER	6/4 7/6 6/7 6/4
O. OTTE	3/1 ab.
C. ALCARAZ	6/4 7/6 6/3
UGO HUMBERT	3/6 6/2 7/5 6/4
D. GOFFIN	6/1 6/2 6/4
F. TIAFOE	6/2 6/2 7/6
A. BUBLIK	7/6 6/2 7/5
C. NORRIE	6/4 3/6 5/7 6/0 6/2
S. JOHNSON	6/3 6/2 6/4
T. PAUL	6/2 6/46/1
J. VESELÝ	6/3 5/7 6/7 6/3 7/6
C. GARÍN	6/3 6/1 6/1
J. BROOKSBY	7/6 7/5 6/3
A. DE MINAUR	5/7 7/6 6/2 6/3
L. BROADY	6/2 4/6 0/6 7/6 6/1
B. NAKASHIMA	6/2 4/6 6/1 7/6
D. GALÁN	FORFAIT
N. KYRGIOS	6/2 6/3 6/1
S. TSITSIPAS	6/2 6/3 7/5
J. SOCK	6/4 6/4 3/6 7/6
J. KUBLER	6/3 6/4 6/4
A. MOLCAN	6/3 6/2 6/4
T. FRITZ	6/3 7/6 6/3
R. GASQUET	6/3 3/6 6/4 6/3
B. VAN DE ZANDSCHULP	3/6 6/1 6/4 6/4
L. SONEGO	7/6 6/4 6/4
R. NADAL	6/4 6/4 4/6 6/3

N. DJOKOVIC	6/0 6/3 6/4
T. VAN RIJTHOVEN	6/4 6/3 6/4
J. SINNER	6/4 7/6 6/3
C. ALCARAZ	6/3 6/1 6/2
D. GOFFIN	4/6 7/5 6/2 7/5
F. TIAFOE	3/6 7/6 7/6 6/4
C. NORRIE	6/4 6/1 6/0
T. PAUL	6/3 6/2 6/2
C. GARÍN	6/2 6/3 1/6 6/4
A. DE MINAUR	6/3 6/4 7/5
B. NAKASHI	6/4 6/4 6/1
N. KYRGIOS	6/7 6/4 6/3 7/6
J. KUBLER	6/2 4/6 5/7 7/6 6/3
T. FRITZ	6/4 6/1 7/6
R. GASQUET	7/5 2/6 7/6 6/1
R. NADAL	6/1 6/2 6/4

N. DJOKOVIC	6/2 4/6 6/1 6/2
J. SINNER	6/1 6/4 6/7 6/3
D. GOFFIN	7/6 5/7 5/7 6/4 7/5
C. NORRIE	6/4 7/5 6/4
C. GARÍN	2/6 5/7 7/6 6/4 7/6
N. KYRGIOS	4/6 6/4 7/6 3/6 6/2
T. FRITZ	6/3 6/1 6/4
R. NADAL	6/4 6/2 7/6

N. DJOKOVIC	5/7 2/6 6/3 6/2 6/2
C.NORRIE	3/6 7/5 2/6 6/3 7/5
N. KYRGIOS	6/4 6/3 7/6
R. NADAL	3/6 7/5 3/6 7/5 7/6

N. DJOKOV	2/6 6/3 6/2
N. KYRGIC	FORFAIT

N. DJOKOVIC	4/6 6/3 6/4 7/6

TÊTES

1. D.
2
4. T
5. A
6. AUGER-AL
7. H
8. BEI
9.
10.

WIMBLEDON
SIMPLE DAMES

1. Iga Swiatek
2. Jana Fett
3. Sonay Kartal
4. Lesley Pattinama-Kerkhove
5. Claire Liu
6. Nuria Párrizas
7. Alizé Cornet
8. Yulia Putintseva
9. Jil Teichmann
10. Ajla Tomljanovic
11. Catherine Harrison
12. Arantxa Rus
13. Viktorija Golubic
14. Andrea Petkovic
15. Maryna Zanevska
16. Barbora Krejciková
17. Garbiñe Muguruza
18. Greet Minnen
19. Qinwen Zheng
20. Sloane Stephens
21. Emina Bektas
22. Bianca Andreescu
23. CoCo Vandeweghe
24. Elena Rybakina
25. Shelby Rogers
26. Petra Martic
27. Kristína Kucová
28. Laura Pigossi
29. Rebeka Masarova
30. Harriet Dart
31. Donna Vekic
32. Jessica Pegula
33. Paula Badosa
34. Louisa Chirico
35. Irina Bara
36. Chloé Paquet
37. Ana Bogdan
38. Dayana Yastremska
39. Jasmine Paolini
40. Petra Kvitová
41. Camila Giorgi
42. Magdalena Frech
43. Rebecca Peterson
44. Anna Karolína Schmiedlová
45. Kirsten Flipkens
46. Jaimee Fourlis
47. Karolina Muchová
48. Simona Halep
49. Cori Gauff
50. Gabriela Ruse
51. Mihaela Buzarnescu
52. Nastasja Schunk
53. Madison Brengle
54. Lauren Davis
55. Yue Yuan
56. Amanda Anisimova
57. Sara Sorribes
58. Christina McHale
59. Serena Williams
60. Harmony Tan
61. Clara Burel
62. Katie Boulter
63. Tereza Martincová
64. Karolína Plíšková
65. Danielle Collins
66. Marie Bouzková
67. Lucia Bronzetti
68. Ann Li
69. Katerina Siniaková
70. Maja Chwalinska
71. Ylena In-Albon
72. Alison Riske-Amritraj
73. Shuai Zhang
74. Misaki Doi
75. Marta Kostyuk
76. Katie Swan
77. Caroline Garcia
78 Yuriko Miyazaki
79. Alison Van Uytvanck
80. Emma Raducanu
81. Angelique Kerber
82. Kristina Mladenovic
83. Magda Linette
84. Fernanda Contreras
85. Panna Udvardy
86. Tamara Zidanšek
87. Camila Osorio
88. Elise Mertens
89. Kaia Kanepi
90. Diane Parry
91. Clara Tauson
92. Mai Hontama
93. Rebecca Marino
94. Katarzyna Kawa
95. Mirjam Björklund
96. Ons Jabeur
97. Maria Sakkari
98. Zoe Hives
99. Daria Saville
100. Viktoriya Tomova
101. Astra Sharma
102. Tatjana Maria
103. Aleksandra Krunic
104. Sorana Cirstea
105. Martina Trevisan
106. Elisabetta Cocciaretto
107. Ekaterine Gorgodze
108. Irina Begu
109. Lin Zhu
110. Yanina Wickmayer
111. Océane Dodin
112. Jelena Ostapenko
113. Belinda Bencic
114. Qiang Wang
115. Tamara Korpatsch
116. Heather Watson
117. Maddison Inglis
118. Dalma Gálfi
119. Kaja Juvan
120. Beatriz Haddad Maia
121. Anhelina Kalinina
122. Anna Bondár
123. Jodie Burrage
124. Lesia Tsurenko
125. Jule Niemeier
126. Xiyu Wang
127. Bernarda Pera
128. Anett Kontaveit

IGA SWIATEK 6/0 6/3
LESLEY PATTINAMA-KERKHOVE 6/4 3/6 6/1
CLAIRE LIU 7/5 6/3
ALIZÉ CORNET 6/3 7/6
AJLA TOMLJANOVIC 6/2 6/3
CATHERINE HARRISON 6/1 6/4
VIKTORIJA GOLUBIC 6/4 6/3
BARBORA KREJCÍKOVÁ 7/6 6/3
GREET MINNEN 6/4 6/0
QINWEN ZHENG 7/6 7/5
BIANCA ANDREESCU 6/1 6/3
ELENA RYBAKINA 7/6 7/5
PETRA MARTIC 6/2 7/6
KRISTÍNA KUCOVÁ 7/5 6/0
HARRIET DART 6/1 6/4
JESSICA PEGULA 6/3 7/6
PAULA BADOSA 6/2 6/1
IRINA BARA 6/2 6/4
ANA BOGDAN 6/2 6/2
PETRA KVITOVÁ 2/6 6/4 6/2
MAGDALENA FRECH 7/6 6/1
ANNA KAROLÍNA SCHMIEDLOVÁ 7/5 0/6 6/3
KIRSTEN FLIPKENS 7/5 6/2
SIMONA HALEP 6/3 6/2
CORI GAUFF 2/6 6/3 7/5
MIHAELA BUZARNESCU 6/4 6/2
LAUREN DAVIS 6/2 7/5
AMANDA ANISIMOVA 6/3 6/4
SARA SORRIBES 6/2 6/1
HARMONY TAN 7/5 1/6 7/6
KATIE BOULTER 7/5 6/3
KAROLÍNA PLÍŠKOVÁ 7/6 7/5
MARIE BOUZKOVÁ 5/7 6/4 6/4
ANN LI 6/1 6/4
MAJA CHWALINSKA 6/0 7/5
ALISON RISKE-AMRITRAJ 6/2 6/4
SHUAI ZHANG 6/4 6/0
MARTA KOSTYUK 4/6 6/4 6/4
CAROLINE GARCIA 4/6 6/1 7/6
EMMA RADUCANU 6/4 6/4
ANGELIQUE KERBER 6/0 7/5
MAGDA LINETTE 6/1 6/4
PANNA UDVARDY 6/4 7/6
ELISE MERTENS 1/6 6/2 4/2 ab.
DIANE PARRY 6/4 6/4
MAI HONTAMA 4/1 ab.
KATARZYNA KAWA 6/4 3/6 7/5
ONS JABEUR 6/1 6/3
MARIA SAKKARI 6/1 6/4
VIKTORIYA TOMOVA 7/5 3/6 7/5
TATJANA MARIA 4/6 6/3 6/4
SORANA CIRSTEA 7/6 7/6
ELISABETTA COCCIARETTO 6/2 6/0
IRINA BEGU 6/4 6/1
YANINA WICKMAYER 6/4 6/2
JELENA OSTAPENKO 6/4 6/4
QIANG WANG 6/4 5/7 6/2
HEATHER WATSON 6/7 7/5 6/2
DALMA GÁLFI 5/7 6/3 6/4
KAJA JUVAN 6/4 4/6 6/2
ANHELINA KALININA 4/6 6/2 6/4
LESIA TSURENKO 6/2 6/3
JULE NIEMEIER 6/1 6/4
ANETT KONTAVEIT 7/5 6/1

I. SWIATEK 6/4 4/6 6/3
A. CORNET 6/3 6/3
A. TOMLJANOVIC 6/2 6/2
B. KREJCÍKOVÁ 6/3 6/4
Q. ZHENG 6/4 6/1
E. RYBAKINA 6/4 7/6
P. MARTIC 7/6 6/3
J. PEGULA 4/6 6/3 6/1
P. BADOSA 6/3 6/2
PETRA KVITOVÁ 6/1 7/6
MAGDALENA FRECH 6/4 6/4
S. HALEP 7/5 6/4
C. GAUFF 6/2 6/3
A. ANISIMOVA 2/6 6/3 6/4
H. TAN 6/3 6/4
K. BOULTER 3/6 7/6 6/4
M. BOUZKOVÁ 6/0 6/3
A. RISKE-AMRITRAJ 3/6 6/1 6/0
S. ZHANG 7/6 6/2
C. GARCIA 6/3 6/3
A. KERBER 6/3 6/3
E. MERTENS 3/6 7/6 7/5
D. PARRY 6/3 6/2
O. JABEUR 6/4 6/0
M. SAKKARI 6/4 6/3
T. MARIA 6/3 1/6 7/5
I. BEGU 6/4 6/4
J. OSTAPENKO 6/2 6/2
H. WATSON 7/5 6/4
KAJA JUVAN 7/5 6/3
L. TSURENKO 3/6 6/4 6/3
J. NIEMEIER 6/4 6/0

A. CORNET 6/4 6/2
A. TOMLJANOVIC 2/6 6/4 6/3
E. RYBAKINA 7/6 7/5
P. MARTIC 6/2 7/6
P. BADOSA 7/5 7/6
S. HALEP 6/4 6/1
A. ANISIMOVA 6/7 6/2 6/1
H. TAN 6/1 6/1
M. BOUZKOVÁ 6/2 6/3
C. GARCIA 7/6 7/6
E. MERTENS 6/4 7/5
O. JABEUR 6/2 6/3
T. MARIA 6/37/5
J. OSTAPENKO 3/6 6/1 6/1
H. WATSON 7/6 6/2
J. NIEMEIER 6/4 3/6 6/3

A. TOMLJANOVIC 4/6 6/4 6/3
E. RYBAKINA 7/5 6/3
S. HALEP 6/1 6/2
A. ANISIMOVA 6/2 6/3
M. BOUZKOVÁ 7/5 6/2
O. JABEUR 7/6 6/4
T. MARIA 5/7 7/5 7/5
J. NIEMEIER 6/2 6/4

E. RYBAKINA 4/6 6/2 6/3
S. HALEP 6/2 6/4
O. JABEUR 3/6 6/1 6/1
T. MARIA 4/6 6/2 7/5

E. RYBAKINA 6/3 6/3
O. JABEUR 6/2 3/6 6/1

E. RYBAKINA 3/6 6/2 6/2

TÊTES DE SÉRIE

1. SWIATEK
2. KONTAVEIT
3. JABEUR
4. BADOSA
5. SAKKARI
6. PLISKOVA
7. COLLINS
8. PEGULA
9. MUGURUZA
10. RADUCANU

US OPEN
SIMPLE MESSIEURS

1. Daniil Medvedev
2. Stefan Kozlov
3. Quentin Halys
4. Arthur Rinderknech
5. Ben Shelton
6. Nuno Borges
7. Yibing Wu
8. Nikoloz Basilashvili
9. Nick Kyrgios
10. Thanasi Kokkinakis
11. Benjamin Bonzi
12. Ugo Humbert
13. Alejandro Tabilo
14. Kamil Majchrzak
15. J.J. Wolf
16. Roberto Bautista
17. Pablo Carreño
18. Dominic Thiem
19. Alexander Bublik
20. Hugo Gaston
21. Cristian Garín
22. Jiri Lehecka
23. Filip Krajinovic
24. Alex De Minaur
25. Karen Khachanov
26. Denis Kudla
27. Alex Molcan
28. Thiago Monteiro
29. Jack Draper
30. Emil Ruusuvuori
31. Alexander Ritschard
32. Félix Auger-Aliassime
33. Stefanos Tsitsipas
34. Daniel Galán
35. Lorenzo Sonego
36. Jordan Thompson
37. Yoshihito Nishioka
38. Alejandro Davidovich
39. Márton Fucsovics
40. Maxime Cressy
41. Francisco Cerúndolo
42. Andy Murray
43. John Millman
44. Emilio Nava
45. Tomás Etcheverry
46. Hugo Grenier
47. Nicolás Jarry
48. Matteo Berrettini
49. Taylor Fritz
50. Brandon Holt
51. Aljaž Bedene
52. Pedro Cachín
53. Stan Wawrinka
54. Corentin Moutet
55. Tomáš Machác
56. Botic van de Zandschulp
57. Tommy Paul
58. Bernabé Zapata
59. Sebastian Korda
60. Facundo Bagnis
61. Zhizhen Zhang
62. Tim van Rijthoven
63. Kyle Edmund
64. Casper Ruud
65. Hubert Hurkacz
66. Oscar Otte
67. Sam Querrey
68. Ilya Ivashka
69. Adrian Mannarino
70. Gijs Brouwer
71. David Goffin
72. Lorenzo Musetti
73. Grigor Dimitrov
74. Steve Johnson
75. Brandon Nakashima
76. Pavel Kotov
77. Pedro Martínez
78. Christopher Eubanks
79. Daniel Altmaier
80. Jannik Sinner
81. Marin Cilic
82. Maximilian Marterer
83. Norbert Gombos
84. Albert Ramos
85. James Duckworth
86. Christopher O'Connell
87. Jiri Veselý
88. Daniel Evans
89. Borna Coric
90. Enzo Couacaud
91. Jenson Brooksby
92. Dušan Lajovic
93. Tallon Griekspoor
94. Federico Coria
95. Sebastián Báez
96. Carlos Alcaraz
97. Cameron Norrie
98. Benoît Paire
99. João Sousa
100. Mackenzie McDonald
101. John Isner
102. Federico Delbonis
103. Peter Gojowczyk
104. Holger Rune
105. Denis Shapovalov
106. Marc-Andrea Hüsler
107. Jaume Munar
108. Roberto Carballés
109. Fernando Verdasco
110. Soonwoo Kwon
111. Laslo Djere
112. Andrey Rublev
113. Diego Schwartzman
114. Jack Sock
115. Alexei Popyrin
116. Chun Hsin Tseng
117. Jason Kubler
118. Mikael Ymer
119. Marcos Giron
120. Frances Tiafoe
121. Miomir Kecmanovic
122. Learner Tien
123. Taro Daniel
124. Richard Gasquet
125. Fabio Fognini
126. Aslan Karatsev
127. Rinky Hijikata
128. Rafael Nadal

DANIIL MEDVEDEV	6/2 6/4 6/0
ARTHUR RINDERKNECH	4/6 7/6 6/3 6/2
NUNO BORGES	7/6 3/6 7/6 6/7 6/3
YIBING WU	6/3 6/4 6/0
NICK KYRGIOS	6/3 6/4 7/6
BENJAMIN BONZI	7/6 6/1 5/7 3/6 6/2
ALEJANDRO TABILO	6/1 6/4 6/7 6/1
J.J. WOLF	6/4 6/4 6/4
PABLO CARREÑO	7/5 6/1 5/7 6/3
ALEXANDER BUBLIK	6/4 6/4 6/4
CRISTIAN GARÍN	3/6 7/6 7/5 6/1
ALEX DE MINAUR	7/5 6/2 6/3
KAREN KHACHANOV	3/6 6/1 6/2 6/2
THIAGO MONTEIRO	6/4 4/6 6/4 6/1
JACK DRAPER	6/4 6/3 6/3
FÉLIX AUGER-ALIASSIME	6/3 6/4 3/6 6/3
DANIEL GALÁN	6/0 6/1 3/6 7/5
JORDAN THOMPSON	2/6 1/6 6/2 6/4 6/4
ALEJANDRO DAVIDOVICH	6/3 7/5 6/3
MÁRTON FUCSOVICS	6/7 7/5 5/1 ab.
ANDY MURRAY	7/5 6/3 6/3
EMILIO NAVA	7/6 4/6 7/6 1/6 6/1
HUGO GRENIER	4/6 6/2 6/3 6/4
MATTEO BERRETTINI	6/2 6/3 6/3
BRANDON HOLT	6/7 7/6 6/3 6/4
PEDRO CACHÍN	6/4 6/3 5/7 1/6 7/6
CORENTIN MOUTET	6/4 7/6 0/0 ab.
BOTIC VAN DE ZANDSCHULP	3/6 7/6 6/1 3/6 7/5
TOMMY PAUL	4/6 6/3 2/6 6/0 7/5
SEBASTIAN KORDA	5/7 7/6 7/5 6/1
TIM VAN RIJTHOVEN	3/6 6/7 7/6 6/1 6/4
CASPER RUUD	6/3 7/5 6/2
HUBERT HURKACZ	6/4 6/2 6/4
ILYA IVASHKA	4/6 6/4 7/6 6/3
GIJS BROUWER	6/3 6/4 6/4
LORENZO MUSETTI	3/6 7/5 6/4 3/6 7/6
GRIGOR DIMITROV	6/3 6/2 6/2
BRANDON NAKASHIMA	7/6 6/2 6/2
CHRISTOPHER EUBANKS	7/5 6/3 7/6
JANNIK SINNER	5/7 6/2 6/1 3/6 6/1
MARIN CILIC	6/3 6/2 7/5
ALBERT RAMOS	6/3 6/4 7/5
JAMES DUCKWORTH	4/6 7/6 6/2 6/3
DANIEL EVANS	6/4 6/1 6/1
BORNA CORIC	6/2 7/6 3/6 4/6 7/5
JENSON BROOKSBY	6/2 6/0 3/0 ab.
FEDERICO CORIA	7/5 6/4 6/3
CARLOS ALCARAZ	7/5 7/5 2/0 ab.
CAMERON NORRIE	6/0 7/6 6/0
JOÃO SOUSA	1/6 7/6 7/6 6/3
JOHN ISNER	6/3 6/1 7/5
HOLGER RUNE	6/2 6/4 7/6
DENIS SHAPOVALOV	2/6 6/4 6/4 3/6 6/1
ROBERTO CARBALLÉS	6/1 6/3 4/6 6/2
SOONWOO KWON	6/2 6/7 6/3 6/3
ANDREY RUBLEV	7/6 6/3 3/6 4/6 6/4
DIEGO SCHWARTZMAN	3/6 5/7 6/0 1/0 ab.
ALEXEI POPYRIN	6/3 7/6 7/6
JASON KUBLER	5/7 6/4 6/2 6/4
FRANCES TIAFOE	7/6 6/4 6/3
MIOMIR KECMANOVIC	3/6 6/1 6/3 6/3
RICHARD GASQUET	6/4 6/7 6/2 6/2
FABIO FOGNINI	1/6 5/7 6/4 6/1 6/4
RAFAEL NADAL	4/6 6/2 6/3 6/3

D. MEDVEDEV	6/2 7/5 6/3
Y. WU	6/7 7/6 4/6 6/4 6/4
N. KYRGIOS	7/6 6/4 4/6 6/4
J.J. WOLF	4/6 7/5 6/4 6/3
P. CARREÑO	4/6 6/4 6/3 7/6
A. DE MINAUR	6/3 6/0 4/6 6/2
K. KHACHANOV	6/3 6/3 5/7 6/4
J. DRAPER	6/4 6/4 6/4
D. GALÁN	6/3 2/6 3/6 6/4 6/3
A. DAVIDOVICH	7/6 5/7 3/6 6/0 7/6
A. MURRAY	5/7 6/3 6/1 6/0
M. BERRETTINI	2/6 6/1 7/6 7/6
P. CACHÍN	1/6 2/6 6/1 7/6 7/6
C. MOUTET	6/4 1/6 6/2 6/4
T. PAUL	6/0 3/6 4/6 6/3 6/4
C. RUUD	6/7 6/4 6/4 6/4
I. IVASHKA	6/4 4/6 7/6 6/3
L. MUSETTI	6/7 6/3 6/4 6/2
B. NAKASHIMA	7/6 7/5 6/3
J. SINNER	6/4 7/6 6/2
M. CILIC	6/37/66/3
D. EVANS	6/3 6/2 4/6 6/4
J. BROOKSBY	6/4 7/6 6/1
C. ALCARAZ	6/2 6/1 7/5
C. NORRIE	6/4 6/4 7/6
HOLGER RUNE	FORFAIT
D. SHAPOVALOV	6/4 4/6 6/3 6/2
A. RUBLEV	6/3 6/0 6/4
D. SCHWARTZMAN	7/6 7/5 7/6
F. TIAFOE	7/6 7/5 7/6
R. GASQUET	6/2 6/4 4/6 6/4
R. NADAL	2/6 6/4 6/2 6/1

D. MEDVEDEV	6/4 6/2 6/2
N. KYRGIOS	6/4 6/2 6/3
P. CARREÑO	6/1 6/1 3/6 7/6
K. KHACHANOV	6/3 4/6 6/5 ab.
A. DAVIDOVICH	6/4 5/7 6/4 6/4
M. BERRETTINI	6/4 6/4 6/7 6/3
C. MOUTET	6/3 4/6 6/2 7/5
C. RUUD	7/6 6/7 7/6 5/7 6/0
I. IVASHKA	6/4 3/6 6/2 6/3
J. SINNER	3/6 6/4 6/1 6/2
M. CILIC	7/6 6/7 6/2 7/5
C. ALCARAZ	6/3 6/3 6/3
C. NORRIE	7/5 6/4 6/1
A. RUBLEV	6/4 2/6 6/7 6/4 7/6
F. TIAFOE	7/6 6/4 6/4
R. NADAL	6/0 6/1 7/5

N. KYRGIOS	7/6 3/6 6/3 6/2
K. KHACHANOV	4/6 6/3 6/1 4/6 6/3
M. BERRETTINI	3/6 7/6 6/3 4/6 6/2
C. RUUD	6/1 6/2 6/7 6/2
J. SINNER	6/1 5/7 6/2 4/6 6/3
C. ALCARAZ	6/4 3/6 6/4 4/6 6/3
A. RUBLEV	6/4 6/4 6/4
F. TIAFOE	6/4 4/6 6/4 6/3

K. KHACHANOV	7/5 4/6 7/5 6/7 6/4
C. RUUD	6/1 6/4 7/6
C. ALCARAZ	6/3 6/7 6/7 7/5 6/3
F. TIAFOE	7/6 7/6 6/4

C. RUUD	7/6 6/2 5/7 6
C. ALCARAZ	6/7 6/3 6/1 6/7

C. ALCARAZ
6/4 2/6 7/6 6/3

TÊTES DE SÉR

1. MEDVED
2. NAD
3. ALCAR
4. TSITSIP
5. RU
6. AUGER-ALIASSI
7. NOR
8. HURKA
9. RUBL
10. FRI

US OPEN
SIMPLE DAMES

RÉSULTATS

1. Iga Swiatek
2. Jasmine Paolini
3. Greet Minnen
4. Sloane Stephens
5. Lauren Davis
6. Lucia Bronzetti
7. Peyton Stearns
8. Ekaterina Alexandrova
9. Amanda Anisimova
10. Yulia Putintseva
11. Sofia Kenin
12. Jule Niemeier
13. Claire Liu
14. Anastasia Potapova
15. Qinwen Zheng
16. Jelena Ostapenko
17. Garbiñe Muguruza
18. Clara Tauson
19. Linda Fruhvirtová
20. Xinyu Wang
21. Bernarda Pera
22. Anhelina Kalinina
23. Erika Andreeva
24. Petra Kvitová
25. Elise Mertens
26. Irina Begu
27. Yue Yuan
28. Jaimee Fourlis
29. Elisabetta Cocciaretto
30. Aliaksandra Sasnovich
31. Viktorija Golubic
32. Jessica Pegula
33. Paula Badosa
34. Lesia Tsurenko
35. Varvara Gracheva
36. Petra Martic
37. Mayar Sherif
38. Marta Kostyuk
39. Ashlyn Krueger
40. Victoria Azarenka
41. Karolína Plíšková
42. Magda Linette
43. Marie Bouzková
44. Linda Nosková
45. Laura Siegemund
46. Sorana Cirstea
47. Andrea Petkovic
48. Belinda Bencic
49. Emma Raducanu
50. Alizé Cornet
51. Katerina Siniaková
52. Taylor Townsend
53. Kaja Juvan
54. Cristina Bucsa
55. Naomi Osaka
56. Danielle Collins
57. Elena Rybakina
58. Clara Burel
59. Alison Van Uytvanck
60. Venus Williams
61. Kaia Kanepi
62. Tereza Martincová
63. Catherine Harrison
64. Aryna Sabalenka
65. Simona Halep
66. Daria Snigur
67. Magdalena Frech
68. Rebecca Marino
69. Nadia Podoroska
70. Anna Karolína Schmiedlová
71. Shuai Zhang
72. Jil Teichmann
73. Madison Keys
74. Dayana Yastremska
75. Camila Giorgi
76. Anna Bondár
77. Gabriela Ruse
78. Daria Saville
79. Léolia Jeanjean
80. Cori Gauff
81. Beatriz Haddad Maia
82. Ana Konjuh
83. Harmony Tan
84. Bianca Andreescu
85. Rebecca Peterson
86. Anna Kalinskaya
87. Kamilla Rakhimova
88. Caroline Garcia
89. Alison Riske-Amritraj
90. Eleana Yu
91. Ann Li
92. Camila Osorio
93. Diane Parry
94. Xiyu Wang
95. Tatjana Maria
96. Maria Sakkari
97. Ons Jabeur
98. Madison Brengle
99. Elizabeth Mandlik
100. Tamara Zidanšek
101. Viktória Kužmová
102. Sara Sorribes
103. Arantxa Rus
104. Shelby Rogers
105. Veronika Kudermetova
106. Donna Vekic
107. CoCo Vandeweghe
108. Maryna Zanevska
109. Nuria Párrizas
110. Dalma Gálfi
111. Harriet Dart
112. Daria Kasatkina
113. Leylah Fernandez
114. Océane Dodin
115. Sára Bejlek
116. Liudmila Samsonova
117. Elina Avanesyan
118. Aleksandra Krunic
119. Fernanda Contreras
120. Barbora Krejcíková
121. Martina Trevisan
122. Evgeniya Rodina
123. Karolína Muchová
124. Ajla Tomljanovic
125. Danka Kovinic
126. Serena Williams
127. Jaqueline Cristian
128. Anett Kontaveit

IGA SWIATEK 6/3 6/0
SLOANE STEPHENS 1/6 6/3 6/3
LAUREN DAVIS 4/6 7/6 5/4 ab.
EKATERINA ALEXANDROVA 6/4 4/6 7/5
YULIA PUTINTSEVA 6/3 6/3
JULE NIEMEIER 7/6 6/4
ANASTASIA POTAPOVA 6/1 6/4
QINWEN ZHENG 6/3 3/6 6/4
GARBIÑE MUGURUZA 6/3 7/6
LINDA FRUHVIRTOVÁ 6/3 6/4
ANHELINA KALININA 6/4 6/4
PETRA KVITOVÁ 7/6 6/0
IRINA BEGU 3/6 6/2 6/3
YUE YUAN 6/3 6/2
ALIAKSANDRA SASNOVICH 6/2 6/4
JESSICA PEGULA 6/2 6/2
PAULA BADOSA 3/6 7/6 6/3
PETRA MARTIC 6/4 7/6
MARTA KOSTYUK 7/6 6/4
VICTORIA AZARENKA 6/7 4/6 6/2
KAROLÍNA PLÍŠKOVÁ 6/2 4/6 7/6
MARIE BOUZKOVÁ 6/2 6/7 6/2
SORANA CIRSTEA 6/4 6/4
BELINDA BENCIC 6/2 4/6 6/4
ALIZÉ CORNET 6/3 6/3
KATERINA SINIAKOVÁ 6/4 4/6 6/2
CRISTINA BUCSA 6/4 6/4
DANIELLE COLLINS 7/6 6/3
CLARA BUREL 6/4 6/4
ALISON VAN UYTVANCK 6/1 7/6
KAIA KANEPI 7/6 6/3
ARYNA SABALENKA 6/1 6/3
DARIA SNIGUR 6/2 0/6 6/4
REBECCA MARINO 6/2 6/3
ANNA KAROLÍNA SCHMIEDLOVÁ 6/3 6/2
SHUAI ZHANG 6/4 6/2
MADISON KEYS 7/6 6/3
CAMILA GIORGI 4/6 6/3 6/1
GABRIELA RUSE 3/6 6/2 6/4
CORI GAUFF 6/2 6/3
BEATRIZ HADDAD MAIA 6/0 6/0
BIANCA ANDREESCU 6/0 3/6 6/1
ANNA KALINSKAYA 6/4 6/3
CAROLINE GARCIA 6/2 6/4
ALISON RISKE-AMRITRAJ 6/2 6/4
CAMILA OSORIO 1/6 6/3 6/1
XIYU WANG 5/7 6/3 6/3
MARIA SAKKARI 6/4 3/6 6/0
ONS JABEUR 7/5 6/2
ELIZABETH MANDLIK 5/7 7/6 6/4
VIKTÓRIA KUŽMOVÁ 6/3 6/4
SHELBY ROGERS 3/6 6/3 6/4
VERONIKA KUDERMETOVA 7/5 6/3
MARYNA ZANEVSKA 6/1 7/5
DALMA GÁLFI 6/4 6/3
HARRIET DART 7/6 1/6 6/3
LEYLAH FERNANDEZ 6/3 6/4
LIUDMILA SAMSONOVA 6/3 6/1
ALEKSANDRA KRUNIC 6/4 6/4
BARBORA KREJCÍKOVÁ 6/0 6/4
EVGENIYA RODINA 7/56/1
AJLA TOMLJANOVIC 6/3 7/6
SERENA WILLIAMS 6/3 6/3
ANETT KONTAVEIT 6/3 6/0

I. SWIATEK 6/3 6/2
L. DAVIS 0/6 6/4 7/6
J. NIEMEIER 6/4 6/3
Q. ZHENG 7/6 7/6
G. MUGURUZA 6/0 6/4
P. KVITOVÁ FORFAIT
Y. YUAN 6/3 7/6
J. PEGULA 6/4 6/4
P. MARTIC 6/7 6/1 6/2
V. AZARENKA 6/2 6/3
K. PLÍŠKOVÁ 6/3 6/2
B. BENCIC 3/6 7/5 6/2
A. CORNET 6/1 1/6 6/3
D. COLLINS 6/2 7/5
C. BUREL 6/4 4/6 6/4
A. SABALENKA 2/6 7/6 6/4
R. MARINO 6/3 7/6
SHUAI ZHANG 7/5 6/1
M. KEYS 6/4 5/7 7/6
C. GAUFF 6/2 7/6
B. ANDREESCU 6/2 6/4
C. GARCIA 6/3 6/1
A. RISKE-AMRITRAJ 6/4 6/7 7/6
X. WANG 3/6 7/5 7/5
JABEUR 7/5 6/2
S. ROGERS 7/5 6/1
V. KUDERMETOVA 6/2 6/3
D. GÁLFI 6/4 6/0
L. SAMSONOVA 6/3 7/6
A. KRUNIC 2/6 6/4 6/2
A. TOMLJANOVIC 1/6 6/2 7/5
S. WILLIAMS 7/6 2/6 6/2

I. SWIATEK 6/3 6/4
J. NIEMEIER 6/4 7/6
P. KVITOVÁ 5/7 6/3 7/6
J. PEGULA 6/2 6/7 6/0
V. AZARENKA 6/3 6/0
KAROLÍNA PLÍŠKOVÁ 5/7 6/4 6/3
D. COLLINS 6/4 7/6
A. SABALENKA 6/0 6/2
S. ZHANG 6/2 6/4
C. GAUFF 6/2 6/3
C. GARCIA 6/3 6/2
A. RISKE-AMRITRAJ 6/4 3/6 6/4
O. JABEUR 4/ 6 6/4 6/3
V. KUDERMETOVA 6/2 6/0
L. SAMSONOVA 6/3 6/3
A. TOMLJANOVIC 7/5 6/7 6/1

I. SWIATEK 2/6 6/4 6/0
J. PEGULA 6/3 6/2
K. PLÍŠKOVÁ 7/5 6/7 6/2
A. SABALENKA 3/6 6/3 6/2
C. GAUFF 7/5 7/5
C. GARCIA 6/4 6/1
O. JABEUR 7/6 6/4
A. TOMLJANO-VICV 7/6 6/1

I. SWIATEK 6/3 7/6
A. SABALENKA 6/1 7/6
C. GARCIA 6/3 6/4
O. JABEUR 6/4 7/6

I. SWIATEK 3/6 6/1 6/4
O. JABEUR 6/1 6/3

I. SWIATEK 6/2 7/6

TÊTES DE SÉRIE

1. SWIATEK
2. KONTAVEIT
3. SAKKARI
4. BADOSA
5. JABEUR
6. SABALENKA
7. HALEP
8. PEGULA
9. MUGURUZA
10. KASATKINA

TOURNOIS DU GRAND CHELEM

INTERNATIONAUX D'AUSTRALIE

Melbourne Park
17 – 30 janvier
75 000 000 dollars australiens – Dur

SIMPLE MESSIEURS

(voir tableau)

QUALIFICATIONS SIMPLE MESSIEURS

3e tour : Kukushkin b. Escobedo 6/4, 5/7, 7/5; Gombos b. Ebden 6/7(3), 7/6(5), 7/6(8); Marterer b. Kamke 6/4, 6/1; Machac b. De Jong 6/2, 6/3; Albot b. Sousa 6/4, 6/4; Lehecka b. Popko 4/6, 6/3, 6/3; Daniel b. Caruso 6/4, 6/3; Hanfmann b. Giannessi 7/6(3), 7/6(6); Trungelliti b. Dzumhur 6/2, 2/6, 7/5; Broady b. Safiullin 4/6, 7/6(2), 6/2; Skatov b. Elias 6/4, 7/6(5); Etcheverry b. Cobolli 6/3, 6/2; Gomez b. Fabbiano 7/5, 4/6, 6/3; Barrios Vera b. Horansky 7/5, 6/4; Milojevic b. Couacaud 7/6(6), 7/6(3); Tabilo b. Ymer 6/1, 6/2

DOUBLE MESSIEURS

1/8 de finale : Kokkinakis-Kyrgios b. Behar-Escobar 6/4, 4/6, 6/4; Puetz-Venus b. Kubler-O'Connell (wo); Granollers-Zeballos b. Andujar-Martinez 7/5, 7/5; Peers-Polasek b. Krawietz-Mies 6/1, 6/2; Koolhof-Skupski b. Giron-Kwon 6/3, 6/4; Ebden-Purcell b. Klaasen-McLachlan 7/6(3), 6/3; Bolelli-Fognini b. Murray-Soares 3/6, 7/6(7), 6/3; Ram-Salisbury b. Sweeny-Tu 6/4, 6/4
1/4 de finale : Kokkinakis-Kyrgios b. Puetz-Venus 7/5, 3/6, 6/3; Granollers-Zeballos b. Peers-Polasek 7/6(5), 6/4; Ebden-Purcell b. Koolhof-Skupski 3/6, 6/4, 7/6(6); Ram-Salisbury b. Bolelli-Fognini 6/3, 6/2
1/2 finales : Kokkinakis-Kyrgios b. Granollers-Zeballos 7/6(4), 6/4; Ebden-Purcell b. Ram-Salisbury 6/3, 7/6(9)
Finale : Kokkinakis-Kyrgios b. Ebden-Purcell 7/5, 6/4

SIMPLE DAMES

(voir tableau)

QUALIFICATIONS SIMPLE DAMES :

3e tour : Volynets b. Bjorklund 7/5, 6/2; Trevisan b. Govortsova 6/2, 6/3; Dolehide b. Grabher 7/6(5), 6/2; Baptiste b. Yuan 6/7(4), 7/6(5), 6/3; Tomova b. Bara 6/2, 6/1; Tsurenko b. Avanesyan 6/4, 6/0; Bektas b. McHale 6/3, 1/6, 7/6 (7); Marino b. Rakhimova 4/6, 6/2, 7/6(7); Jang b. Masarova 6/2, 6/3; Hartono b. Niemeier 6/1, 1/6, 6/3; Dart b. Birrell 6/3, 6/3; Voegele b. De Vroome 6/3, 4/6, 7/5; Zheng b. Hontama 6/3, 6/7(3), 6/3; Bucsa b. Hogenkamp 7/5, 2/6, 6/3; Bronzetti b. Hibino 4/6, 6/2, 6/1; Kuzmova b. Bolsova 6/2, 7/5

DOUBLE DAMES

1/8 de finale : Krejcikova-Siniakova b. Collins- Krawczyk 6/4, 6/4; Dolehide-Sanders b. Kostyuk-Yastremska 6/4, 6/4; Kudermetova-Mertens b. Xu-Yang 7/6(5), 6/4; Flipkens-Sorribes Tormo b. Cristian-Petkovic 6/1, 6/2; Danilina-Haddad Maia b. Bolsova-Eikeri 3/6, 6/4, 7/6(5); Peterson-Potapova b. Linette-Pera 6/3, 7/6(6); Martic-Rogers b. Guarachi-Melichar Martinez 6/2, 7/6(2); Aoyama-Shibahara b. Kuzmova-Zvonareva 1/6, 7/5, 6/3
1/4 de finale : Krejcikova-Siniakova b. Dolehide-Sanders 6/2, 7/6(3); Kudermetova-Mertens b. Flipkens-Sorribes Tormo 6/3, 6/4; Danilina-Haddad Maia b. Peterson-Potapova 4/6, 7/5, 6/3; Aoyama-Shibahara b. Martic-Rogers 6/1, 6/4
1/2 finales : Krejcikova-Siniakova b. Kudermetova-Mertens 6/2, 6/3; Danilina-Haddad Maia b. Aoyama-Shibahara 6/4, 5/7, 6/4
Finale : Krejcikova-Siniakova b. Danilina-Haddad Maia 6/7(3), 6/4, 6/4

DOUBLE MIXTE

1/2 finales : Fourlis-Kubler b. Hradecka-Escobar 2/6, 7/6(2), [10/6]; **Mladenovic**-Dodig b Zhang-Peers 1/6, 7/5, [10/2]
Finale : Mladenovic-Dodig b. Fourlis-Kubler 6/3, 6/4

HANDISPORT

SIMPLE MESSIEURS

Finale : Kunieda b. Hewett 7/5, 3/6, 6/2

SIMPLE DAMES

Finale : De Groot b. Van Koot 6/1, 6/1

DOUBLE MESSIEURS

Finale : Hewett-Reid b. Fernandez-Kunieda 6/2, 4/6, [10/7]

DOUBLE DAMES

Finale : De Groot-Van Koot b. Kamiji-Shuker 7/5, 3/6, [10/2]

INTERNATIONAUX DE FRANCE

Roland-Garros
22 Mai - 5 juin
46 300 000 euros – Terre battue

SIMPLE MESSIEURS

(voir tableau)

QUALIFICATIONS SIMPLE MESSIEURS

3e tour : Kuznetsov b. Trungelliti 6/4, 4/6, 6/2; Kolar b. Agamenone 6/3, 6/4; Borges b. Piros 3/6, 6/2, 6/1; Kotov b. Cachin 6/3, 6/2; Ugo Carabelli b. Ritschard 7/6(6), 6/2; Kubler b. Sousa 7/5, 6/2; Gojo b. Londero 7/6(1), 6/1; Zapata Miralles b. Nardi 3/6, 6/4, 6/1; Zeppieri b. Cuenin 6/3, 6/4; Gombos b. Van Rijthoven 7/6(6), 7/6(5); Tseng b. Stebe 6/3, 6/3; Varillas b. Jarry 5/7, 6/4, 7/6 (5); Fratangelo b. Serdarusic 7/5, 6/4; **Blancaneaux** b. Masur 6/1, 6/3; Ofner b. Giannessi 6/4, 1/6, 6/2; Rodriguez Taverna b. Kuzmanov 6/4, 3/6, 6/3

DOUBLE MESSIEURS

1/8 de finale : Ram-Salisbury b. Cressy-Lopez 7/5, 6/4; Dodig-Krajicek b. Bublik-Kokkinakis 6/3, 6/2; Granollers-Zeballos b. O'Mara-Withrow 6/1, 6/1; Koolhof-Skupski b. Mcdonald-Paul 6/3, 6/2; Arevalo-Rojer b. Puetz-Venus 6/4, 2/6, 6/1; Matos-Vega Hernandez b. Gille-Vliegen 6/4, 3/6, 7/6(6); Glasspool-Heliovaara b. Nys-Zielinski 7/6(7), 6/3; Bopanna-Middelkoop b. Mektic-Pavic 6/7(5), 7/6(3), 7/6(10)
1/4 de finale : Dodig-Krajicek b. Ram-Salisbury 3/6, 7/6(9), 7/6(10); Granollers-Zeballos b. Koolhof-Skupski 3/6, 6/3, 6/4; Arevalo-Rojer b. Matos-Vega Hernandez 7/6(6), 6/3; Bopanna-Middelkoop b. Glasspool-Heliovaara 4/6, 6/4, 7/6(3)
1/2 finales : Dodig-Krajicek b. Granollers-Zeballos 4/6, 7/6(1), 7/5; Arevalo-Rojer b. Bopanna-Middelkoop 4/6, 6/3, 7/6(8)
Finale : Arevalo-Rojer b. Dodig-Krajicek 6/7(4), 7/6(5), 6/3

SIMPLE DAMES

(voir tableau)

QUALIFICATIONS SIMPLE DAMES

3e tour : Bonaventure b. Kulikova 6/4, 6/2; Niemeier b. Uchijima 6/0, 6/1; Zhu b. Kuzmova 7/5, 6/3; Bucsa b. Siegemund 4/6, 6/3, 6/1; Bara b. Hibino 7/6(5), 6/4; Vekic b. Gasanova 4/6, 6/2, 6/2; Contreras Gomez b. Zuger 6/1, 3/6, 6/3; Selekhmeteva b. **Babel** 6/1, 6/4; Marino b. Mendez 6/2, 6/0; Danilovic b. Tomova 6/2, 1/6, 7/6(3); Noskova b. Sramkova 6/3, 6/2; Grammatikopoulou b. Mchale 6/3, 6/3; Krunic b. Jani 7/5, 6/2; Tsurenko b. Naito 2/6, 7/6(0), 6/2; Bjorklund b. Buzarnescu 6/1, 6/3; Baptiste b. Schunk 7/5, 4/6, 6/2

DOUBLE DAMES

1/8 de finale : Bondar-Minnen b. Rosolska-Routliffe 6/7(4), 7/5, 7/5; Gauff-Pegula b. Hradecka-Mirza 6/4, 6/3; Kostyuk / Ruse b. Mcnally / Zhang 4/6, 6/3, 6/4; Keys-Townsend b. Muhammad-Shibahara 7/6(12), 6/2; Zanevska-Zimmermann b. Chan-Stosur 1/6, 6/3, 6/4; Kichenok-Ostapenko b. Dabrowski-Olmos 6/4, 4/6, 7/5; **Garcia-Mladenovic** b. Doi-Tomljanovic 5/7, 6/4, 6/2; Xu-Yang b. Kudermetova-Mertens 6/4, 2/6, 6/3
1/4 de finale : Gauff-Pegula b. Bondar-Minnen 6/4, 4/6, 6/4; Keys-Townsend b. Kostyuk / Ruse 7/6(5), 2/6, 7/5; Kichenok-Ostapenko b. Zanevska-Zimmermann 6/3, 5/7, 6/2; **Garcia-Mladenovic** b. Xu-Yang 6/3, 6/3
1/2 finales : Gauff-Pegula b. Keys-Townsend 6/4, 7/6(4); **Garcia-Mladenovic** b. Kichenok-Ostapenko 2/6, 6/4, 6/2
Finale : **Garcia-Mladenovic** b. Gauff-Pegula 2/6, 6/3, 6/2

DOUBLE MIXTE

1/2 finales : Eikeri-Vliegen b. Melichar Martinez-Krawietz 1/6, 7/6(4), [10/7]; Shibahara-Koolhof b. Dabrowski-Peers 6/3, 6/4
Finale : Shibahara-Koolhof b. Eikeri-Vliegen 7/6(5), 6/2

HANDISPORT

SIMPLE MESSIEURS

Finale : Kunieda b. Fernandez 6/2, 5/7, 7/5

SIMPLE DAMES

Finale : De Groot b. Kamiji 6/4, 6/1

DOUBLE MESSIEURS

Finale : Hewett/ Reid b. Fernandez-Kunieda 7/6(5), 7/6(5)

DOUBLE DAMES

Finale : De Groot-Van Koot b. Kamiji-Montjane 7/65(5), 1/6, [10/8]

INTERNATIONAUX DE GRANDE-BRETAGNE

Wimbledon
27 juin – 10 juillet
40 350 000 livres - Gazon

SIMPLE MESSIEURS

(voir tableau)

QUALIFICATIONS SIMPLE MESSIEURS

3e tour : Zapata Miralles b. Caruso 6/4, 6/7(5), 6/3, 6/3; Kubler b. Ymer 6/3, 6/2, 6/4; Novak b. Kozlov 7/5, 6/4, 5/7, 3/6, 6/3; Vavassori b. Kolar 6/7(5), 7/6(4), 6/1, 7/6(5); Marterer b. Moreno De Alboran 7/6(2), 7/6(11), 6/3; Huesler b. Jung 7/5, 6/4, 3/6, 3/6, 6/2; Albot b. Ofner 2/6, 6/3, 6/4, 7/5; Klein b. Seppi 6/1, 6/7(3), 7/6(5), 7/6(4); **Couacaud** b. Kuzmanov 6/2, 6/7(3), 6/3, 6/2; Kukushkin b. Piros 7/6(3), 6/2, 4/6, 7/6(0); Rosol b. Olivo 7/6(5), 7/6(4), 6/4; Ritschard b. Ajdukovic 6/3, 7/5, 6/4; Purcell b. Borges 3/6, 7/6(3), 6/4, 7/6(5); Sock b. **Grenier** 7/5, 7/5, 6/4; Kuhn b. Hijikata 6/4, 3/6, 7/5, 7/6(4); Harrison b. Masur 4/6, 6/3, 5/7, 6/4, 6/1

DOUBLE MESSIEURS

1/8 de finale : Ram-Salisbury b. Matos-Vega Hernandez 4/6, 6/4, 6/3, 6/4; **Mahut-Roger Vasselin** b. Dodig-Krajicek (wo); Ebden-Purcell b. Koolhof-Skupski 7/5, 6/4, 3/6, 4/6, 7/5; Peers-Polasek b. Murray-Soares 7/6(5), 6/4, 4/6, 6/4; Cabal-Farah b. Albot-Basilashvili 6/1, 6/4, 6/4; Kudla-Sock b. Gonzalez-Molteni 6/4, 6/2, 6/4; Krawietz-Mies b. O'Mara-Skupski 7/6(6), 6/4, 6/4; Mektic-Pavic b. Glasspool-Heliovaara 6/4, 7/6(6), 4/6, 2/6, 6/3
1/4 de finale : Ram-Salisbury b. Mahut-Roger Vasselin 6/3, 6/7(1), 6/1, 3/6, 6/4; Ebden-Purcell b. Peers-Polasek 6/4, 6/4, 6/2; Cabal-Farah b. Kudla-Sock 6/3, 6/3, 6/7(3), 1-1 (ab); Mektic-Pavic b. Krawietz-Mies 6/4, 6/3, 6/3
1/2 finales : Ebden-Purcell b. Ram-Salisbury 3/6, 6/7(1), 7/6(9), 6/4, 6/2; Mektic-Pavic b. Cabal-Farah 6/7(2), 7/6(0), 4/6, 6/2, 7/6(4)
Finale : Ebden-Purcell b. Mektic-Pavic 7/6(5), 6/7(3), 4/6, 6/4, 7/6(2)

SIMPLE DAMES

(voir tableau)

QUALIFICATIONS SIMPLE DAMES

3e tour : Hives b. Hon (wo); Chwalinska b. Vandeweghe 3/6, 6/3, 6/4; Bjorklund b. Carle 7/6(2), 6/7(5), 6/1; Schunk b. Lao 6/1, 6/3; Inglis b. Stevanovic 7/6(2), 2/6, 6/2; Kawa b. **Jeanjean** 7/5, 6/2; Contreras Gomez b. Babos 6/1, 1/6, 6/3; Chirico b. Von Deichmann 6/3, 6/7(6), 6/1; Hontama b. Sun 6/7(9), 6/2, 6/3; Sharma b. Jimenez Kasintseva 3/6, 6/2, 6/3; Fett b. Zavatska 3/6, 6/3, 6/3; Fourlis b. Ponchet 6/4, 6/4; Wickmayer b. Jang 6/1, 6/4; McHale b. Pattinama Kerkhove 7/6(3), 7/5; Harrison b. Yuan 6/1, 7/6(3); Bektas b. **Ferro** 6/4,

6/4

DOUBLE DAMES

1/8 de finale : Mertens-Zhang b. Kichenok-Olaru 6/4,6/3; Guarachi-Klepac b. Xu-Yang 6/3, 7/5; Collins- Krawczyk b. Dabrowski-Olmos 6/4, 6/3; Rosolska-Routliffe b. Muhammad-Shibahara 6/4, 7/6(3); Aoyama-Chan b. Riske Amritraj-Vandeweghe 6/4, 4/6, 7/6(3); Kichenok-Ostapenko b. Dart-Watson 5/7, 6/4, 6/2; Melichar Martinez-Perez b. Frech-Haddad Maia 6/1, 6/1; Krejcikova-Siniakova b. Flipkens-Sorribes Tormo 7/6(2), 6/4

1/4 de finale : Mertens-Zhang b. Guarachi-Klepac 6/3, 6/2; Collins- Krawczyk b. Rosolska-Routliffe 6/1, 6/7(4), 6/3; Kichenok-Ostapenko b. Aoyama-Chan 4/6, 6/1, 7/5; Krejcikova-Siniakova b. Melichar Martinez-Perez 1/6, 7/6(2), 6/2

1/2 finales : Mertens-Zhang b. Collins- Krawczyk 6/2, 3/6, 6/3; Krejcikova-Siniakova b. Kichenok-Ostapenko 6/2, 6/2

Finale : Krejcikova-Siniakova b. Mertens-Zhang 6/2, 6/4

DOUBLES MIXTES

1/2 finales : Ebden-Stosur b. Sock-Gauff 6/3, 5/7, 7/5; Skupski-Krawczyk b. Pavic-Mirza 4/6, 7/5, 6/4

Finale : Skupski-Krawczyk b. Ebden-Stosur 6/4, 6/3

HANDISPORT

SIMPLE MESSIEURS

Finale : Kunieda b. Hewett 4/6, 7/5, 7/6(5)

SIMPLE DAMES

Finale : De Groot b. Kamiji 6/4, 6/2

DOUBLE MESSIEURS

Finale : Fernandez-Kunieda b. Hewett-Reid 6/3, 6/1

DOUBLE DAMES

Finale : Kamiji-Mathewson b. De Groot-Van Koot 6/1, 7/5)

INTERNATIONAUX DES ÉTATS-UNIS

Flushing Meadows
29 août-11 septembre
60 102 000 dollars - Dur

SIMPLE MESSIEURS

(voir tableau)

QUALIFICATIONS SIMPLE MESSIEURS

3e tour : Couacaud b. Blancaneaux 7/5, 6/0; Galan b. Arnaldi 6/4, 7/5(1); Brouwer b. Jubb 7/6(3), 3/6, 6/2; Delbonis b. De Jong 6/7(4), 6/1, 6/4; Eubanks b. Brancaccio 4/6, 6/1, 6/4; Machac b. Cobolli 7/6(7), 5/7, 6/1; Borges b. Maestrelli 3/6, 7/6(4), 7/6(8); Bagnis b. Seppi 7/5, 6/2; Zhang b. Bergs 6/2, 6/4; Ritschard b. Agamenone 6/2, 2/6, 6/4; Wu b. **Moutet** 7/6(5), 6/2; Kotov b. Verdasco 6/1, 7/6(3); Gombos b. Grenier 6/4, 3/6, 6/3; Holt b. Kuzmanov 6/4, 3/6, 6/3; Marterer b. Bonadio 6/4, 6/3; Jarry b. Novak 6/3, 6/3

DOUBLE MESSIEURS

1/8 de finale : Ram-Salisbury b. Bolelli-Fognini 6/1, 7/5; Nys-Zielinski b. Behar-Escobar 6/1, 6/4; Cabal-Farah b. Puetz-Venus 6/7(2), 6/4, 6/3; Glasspool-Heliovaara b. Kokkinakis-Kyrgios 3/6, 76(6), 7/6(8); Mektic-Pavic b. Haase-Oswald 6/3, 6/4; Arevalo-Rojer b. **Halys-Mannarino** 6/4, 7/6(9); Demoliner-Sousa b. Sonego-Vavassori 7/6(4), 6/4; Koolhof-Skupski b. Ebden-Purcell 7/6(5), 3/6, 6/3

1/4 de finale : Ram-Salisbury b. Nys-Zielinski 6/4, 6/7(3), 6/4; Cabal-Farah b. Glasspool-Heliovaara 7/6(5), 6/2; Arevalo-Rojer b. Mektic-Pavic 6/3, 6/4; Koolhof-Skupski b. Demoliner-Sousa 6/3, 6/1

1/2 finales : Ram-Salisbury b. Cabal-Farah 7/5, 4/6, 7/6(6); Koolhof-Skupski b. Arevalo-Rojer 6/4, 7/5

Finale : Ram-Salisbury b. Koolhof-Skupski 7/6(4), 7/5

SIMPLE DAMES

(voir tableau)

QUALIFICATIONS SIMPLE DAMES

3e tour : Contreras Gomez b. Korpatsch 6/4, 6/3; Bucsa b. Vickery 6/4, 6/2; **Jeanjean** b. Garcia Perez 6/2, 6/0; Noskova b. Zakharova 6/2, 7/5; Golubic b. Sharma 6/4, 6/4; Andreeva b. Rakhimova 4/6, 6/3, 6/3; **Burel** b. Doi 2/6, 6/4, 7/6(10); Kuzmova b. Tomova 6/4, 6/4; Cocciaretto b. Osuigwe 7/6(4), 6/2; Avanesyan b. Uchijima 7/5, 7/5; Snigur b. Hibino 6/1, 6/4; Fruhvirtova b. **Paquet** 6/4, 3/6, 6/3; Yuan b. Inglis 6/1, 6/3; Bejlek b. Watson 3/6, 6/4, 7/5; Harrison b. Lys 6/4, 6/4; Krueger b. Pattinama Kerkhove 7/5, 6/3

DOUBLE DAMES

1/8 de finale : Flipkens-Sorribes Tormo b. Guarachi-Klepac 7/6(5), 2/6, 6/1; Melichar-Martinez-Perez b. Danilina-Haddad Maia 6/3, 6/3; Krejcikova-Siniakova b. Aoyama-Chan 6/2, 6/0; Dabrowski-Olmos b. Muhammad-Shibahara 6/3, 3/6, 7/6(8); Dolehide-Sanders b. Xu-Yang 6/2, 6/3; **Garcia-Mladenovic** b. Kichenok-Ostapenko 6/4, 6/2; Krawczyk-Schuurs b. Kostyuk-Zhang 6/4, 6/4; McNally-Townsend b. Galfi-Pera 6/4, 6/4

1/4 de finale : Melichar-Martinez-Perez b. Flipkens-Sorribes Tormo 6/7(5), 6/4, 6/4; Krejcikova-Siniakova b. Dabrowski-Olmos 6/3, 6/7(4), 6/3; Dolehide-Sanders b. **Garcia-Mladenovic** 6/3, 6/3; McNally-Townsend b. Krawczyk-Schuurs 6/3, 6/1

1/2 finales : Krejcikova-Siniakova b. Melichar-Martinez-Perez 6/3, 6/7(4), 6/3; McNally-Townsend b. Dolehide-Sanders 1/6, 6/3, 6/3

Finale : Krejcikova-Siniakova b. McNally-Townsend 6/3, 7/5, 6/1

DOUBLE MIXTE

1/2 finales : Sanders-Peers b. McNally-Blumberg6/2, 6/7(5), 10-8; Flipkens-**Roger Vasselin** b. Zhang-Pavic 6/4, 5/7, 10-6

Finale : Sanders-Peers b. Flipkens-**Roger Vasselin** 4/6, 6/4, 10-7

HANDISPORT

SIMPLE MESSIEURS

Finale : Hewett b. Kunieda 7/6(2), 6/1

SIMPLE DAMES

Finale : De Groot b. Kamiji 3/6, 6/1, 6/1

DOUBLE MESSIEURS

Finale : De La Puente-Peifer b. Hewett-Reid 4/6, 7/5, 10-6

DOUBLE DAMES

Finale : De Groot-Van Koot b. Kamiji-Montjane 6/2, 6/2

HOMMES ATP 2022

Adélaïde International 1 (Australie) (3-9 janvier – 416 800 dollars – Dur)

1/2 finales : Monfils (1) b. Kokkinakis 7/5, 6/0; Khachanov (2) b. Cilic (3) 7/6(3), 6/3

Finale : Monfils (1) b. Khachanov (2) 6/4, 6/4

Melbourne Summer Set (Australie) (4 – 9 janvier – 521 000 dollars – Dur)

1/2 finales : Nadal (1) b. Ruusuvuori 6/4, 7/5; Cressy b. Dimitrov (3) 7/5, 7/6[9])

Finale : Nadal (1) b. Cressy 7/6(6), 6/3

Sidney Tennis Classic (Australie) (10 – 15 janvier – 521 000 dollars – Dur)

1/2 finales : Karatsev (1) b. Evans (3) 6/3, 6/7(13), 6/3; Murray b. Opelka (4) 6/7(6), 6/4, 6/4

Finale : Karatsev (1) b. Murray 6/3, 6/3

Adélaïde International 2 (10 – 15 janvier – 493 875 dollars – Dur)

1/2 finales : Kokkinakis b. Cilic (4) 6/2, 3/6, 7/6(10); Rinderknech b. Moutet 6/1, 6/3

Finale : Kokkinakis b. Rinderknech 6/7(6), 7/6(5), 6/3

Cordoba (Argentine) (31 janvier – 6 février – 493 875 dollars – TB)

1/2 finales : Tabilo b. Schwartzman (1) 6/3, 7/6(6); Ramos-Vinolas (6) b. Londero 7/6(4), 6/4

Finale : Ramos-Vinolas (6) b. Tabilo 4/6, 6/3, 6/4

Pune (Inde) (31 janvier – 6 février – 493 875 dollars – Dur)

1/2 finales : Ruusuvuori (6) b. Majchrzak 6/3, 7/6(0); Sousa b. Ymer 5/7, 7/6(4), 7/5

Finale : Sousa b. Ruusuvuori (6) 7/6(9), 4/6, 6/1

Montpellier (France) (31 janvier – 6 février – 490 990 dollars – Dur)

1/2 finales : Zverev (1) b. Ymer 6/1, 6/3; Bublik (6) b. Krajinovic (5) 6/4, 6/2

Finale : Bublik (6) b. Zverev (1) 6/4, 6/3

Rotterdam (Pays-Bas) (7 – 13 février – 1 349 070 dollars – Dur)

1/2 finales : Tsitsipas (1) b. Lehecka 4/6, 6/4, 6/2; Auger-Aliassime (3) b. Rublev (2) 6/7(5), 6/4, 6/2

Finale : Auger-Aliassime (3) b. Tsitsipas (1) 6/4, 6/2

Dallas (États-Unis) (7 – 13 février – 792 980 dollars – Dur)

1/2 finales : Opelka b. Isner (3) 7/6(7), 7/6(22); Brooksby (4) b. Giron (7) 6/4, 6/7(4), 7/7(5)

Finale : Opelka (2) b. Brooksby (4) 7/6(5), 7/6(3)

Buenos Aires (Argentine) (7 – 13 février – 686 700 dollars – TB)

1/2 finales : Ruud (1) b. Delbonis (6) 6/3, 6/3; Schwartzman (2) b. Sonego (3) 7/5, 3/6, 6/2

Finale : Ruud (1) b. Schwartzman (2) 5/7, 6/2, 6/3

Rio de Janeiro (Brésil) (14 – 20 février – 1 815 115 dollars – TB)

1/2 finales : Schwartzman (3) b. Cerundolo 7/6(4), 6/3; Alcaraz (7) b. Fognini 6/2, 7/5

Finale : Alcaraz (7) b. Schwartzman (3) 6/4, 6/2

Doha (Qatar) (14 – 19 février – 1 176 595 dollars – Dur)

1/2 finales : Bautista Agut (2) b. Khachanov (6) 2/6, 6/3, 7/5; Basilashvili (3) b. Rinderknech 6/4, 6/2

Finale : Bautista Agut (2) b. Basilashvili (3) 6/3, 6/4

Delray Beach (États-Unis) (14 – 20 février – 664 275 dollars – Dur)

1/2 finales : Norrie (1) b. Paul (4) 6/3, 6/3; Opelka (2) b. Millman 7/6(8), 6/7(3), 7/6 (4)

Finale : Norrie (1) b. Opelka (2) 7/6(1), 7/6(4)

Marseille (France) (14 – 20 février – 622 610 dollars – Dur)

1/2 finales : Rublev (2) b. Bonzi (9) 6/3, 4/6, 6/3; Auger-Aliassime (3) b. Safiullin 7/6(4), 7/6(5)

Finale : Rublev (2) b. Auger-Aliassime (3) 7/5, 7/6(4)

Dubaï (Emirats Arabes Unis) (21 – 26 février – 2 949 665 dollars – Dur)

1/2 finales : Rublev (2) b. Hurkacz (5) 3/6, 7/5, 7/6(5); Vesely b. Shapovalov (6) 6/7(7), 7/6(2), 7/6(3)

Finale : Rublev (2) b. Vesely 6/3, 6/4

Acapulco (Mexique) (21 – 26 février – 1 832 890 dollars – Dur)

1/2 finales : Nadal (4) b. Medvedev (1) 6/3, 6/3; Norrie (6) b. Tsitsipas (3) 6/4, 6/4

Finale : Nadal (4) b. Norrie (6) 6/4, 6/4

Santiago (Chili) (21 – 27 février – 546 340 dollars – Dur)

1/2 finales : Baez (7) b. Ramos-Vinolas (2) 6/4, 4/6, 6/2; Martinez (4) b. Tabilo 5/7, 6/4, 6/4

Finale : Martinez (4) b. Baez (7) 4/6, 6/4, 6/4

Indian Wells (États-Unis)
(10 - 20 mars - 9 554 920 dollars - Dur)
Masters 1000

1/8 de finale : Alcaraz (19) b Monfils (26) 7/5, 6/1 ; Norrie (12) b. Brooksby 6/2, 6/4 ; Nadal (4) b. Opelka (17) 7/6(3) 7/6(5) ; Kyrgios b. Sinner (10) (wo) ; Kecmanovic b. Berrettini (6) 6/3, 6/7(5), 6/4 ; Fritz (20) b. De Minaur (29) 3/6, 6/4, 7/6 (5) ; Rublev (7) b. Hurkacz (11) 7/6(5), 6/4 ; Dimitrov (33) b. Isner (23) 6/3, 7/6(6)
1/4 de finale : Alcaraz (19) b. Norrie (12) 6/4, 6/3 ; Nadal (4) b. Kyrgios 7/6(0), 5/7, 6/4 ; Fritz (20) b. Kecmanovic 7/6(5), 3/6, 6/1 ; Rublev (7) b. Dimitrov (33) 7/5, 6/2
1/2 finales : Nadal (4) b. Alcaraz (19) 6/4, 4/6, 6/3 ; Fritz (20) b. Rublev (7) 7/5, 6/4
Finale : Fritz (20) b. Nadal (4) 6/3, 7/6(5)

Miami (États-Unis)
Masters 1000
(23 mars - 3 avril - 9 554 920 dollars - Dur)

1/8 de finale : Medvedev (1) b. Brooksby 7/5, 6/1 ; Hurkacz (8) b. Harris 7/6(3), 6/2 ; Alcaraz (14) b. Tsitsipas (3) 7/5, 6/3 ; Kecmanovic b. Fritz (11) 3/6, 6/1, 6/4 ; Sinner (9) b. Kyrgios 7/6(3), 6/3 ; Cerundolo b. Tiafoe (28) ; Ruud (6) b. Norrie (10) 6/3, 6/4 ; Zverev (2) b. Kokkinakis 6/4, 6/4
1/4 de finale : Hurkacz (8) b. Medvedev (1) 7/6(7), 6/3 ; Alcaraz (14) b. Kecmanovic 6/7(5), 6/3, 7/6(5) ; Cerundolo b. Sinner (9) 4-1 ab ; Ruud (6) b. Zverev (2) 6/3, 1/6, 6/3
1/2 finales : Alcaraz (14) b. Hurkacz (8) 7/6(5), 7/6(2) ; Ruud (6) b. Cerundolo 6/4, 6/1
Finale : Alcaraz (14) b. Ruud (6) 7/5, 6/4

Houston (États-Unis)
(4 - 10 avril - 665 330 dollars - TB)

1/2 finales : Opelka (3) b. Kyrgios 6/3, 7/5 ; Isner (4) b. Garin (5) 4/6, 6/3, 6/4
Finale : Opelka (3) b. Isner (4) 6/3, 7/6(7)

Marrakech (Maroc)
(4 - 10 avril - 597 900 dollars - TB)

1/2 finales : Molcan b. Djere (8) 6/1, 7/5 ; Goffin B. Coria 6/3, 6/3
Finale : Goffin b. Molcan 3/6, 6/3, 6/3

Monte-Carlo (Monaco)
(10 - 17 avril - 5 802 475 dollars - TB)

1/8 de finale : Davidovich Fokina b. Goffin 6/4, 6/1 ; Fritz (10) b. Korda 7/6(4), 7/5 ; Dimitrov b. Ruud (4) 6/3, 7/5 ; Hurkacz (11) b. Ramos Vinolas 7/6(2), 6/2 ; Schwartzman (12) b. Musetti 2/6, 6/4, 6/3 ; Tsitsipas (3) b. Djere 7/5, 7/6(1) ; Sinner (9) b. Rublev (5) 5/7, 6/1, 6/3 ; Zverev (2) b. Carreno Busta (13) 6/2, 7/5
1/4 de finale : Davidovich Fokina b. Fritz (10) 2/6, 6/4, 6/3 ; Dimitrov b. Hurkacz (11) 6/4, 3/6, 7/6(2) ; Tsitsipas (3) b. Schwartzman (12) 6/2, 6/7(3), 6/4 ; Zverev (2) b Sinner (9) 5/7, 6/3, 7/6(5)
1/2 finales : Davidovich Fokina b. Dimitrov 6/4, 6/7(2), 6/3 ; Tsitsipas (3) b. Zverev (2) 6/4, 6/2
Finale : Tsitsipas (3) b. Davidovich Fokina 6/3, 7/6(3)

Barcelone (Espagne)
(18 - 24 avril - 2 802 580 dollars - TB)

1/2 finales : Alcaraz (5) b. De Minaur (10) 6/7(4), 7/6(4), 6/4 ; Carreno Busta (8) b. Schwartzman (6) 6/3, 6/4
Finale : Alcaraz (5) b. Carreno Busta (8) 6/3, 6/2

Belgrade (Serbie)
(18 - 24 avril - 597 900 dollars - TB)

1/2 finales : Djokovic (1) b. Khachanov (3) 4/6, 6/1, 6/2 ; Rublev (2) b. Fognini (6) 6/2, 6/2
Finale : Rublev (2) b. Djokovic (1) 6/2, 6/7 (4), 6/0

Munich (Allemagne)
(25 avril - 1er mai - 597 900 dollars - TB)

1/2 finales : Van de Zandschulp (8) b. Kecmanovic (7) 2/6, 7/6(4), 6/4 ; Rune b. Otte 6/4, 6/4
Finale : Rune b. Van de Zandschulp (8) 3-4 (ab)

Estoril (Portugal)
(25 avril - 1er mai - 597 900 dollars - TB)

1/2 finales : Tiafoe (5) b. Korda (8) 4/6, 7/6(2), 6/4 ; Baez b. Ramos Vinolas (6) 6/3, 6/7(7), 6/0
Finale : Baez b. Tiafoe (5) 6/3, 6/2

Madrid (Espagne)
Masters 1000
(1 - 8 mai - 7 499 290 dollars - TB)

1/8 de finale : Djokovic (1) b. Murray (wo) ; Hurkacz (12) b. Lajovic 7/5, 6/3 ; Nadal (3) b. Goffin 6/3, 5/7, 7/6(9) ; Alcaraz (7) b. Norrie (9) 6/4, 6/7(4), 6/3 ; Rublev (6) b. Evans 7/6(7), 7/5 ; Tsitsipas (4) b. Dimitrov 6/3, 6/4 ; Auger-Aliassime (8) b. Sinner (10) 6/1, 6/2 ; Zverev (2) b. Musetti 6/3, 1-0 (ab)
1/4 de finale : Djokovic (1) b. Hurkacz (12) 6/3, 6/4 ; Alcaraz (7) b. Nadal (3) 6/2, 1/6, 6/3 ; Tsitsipas (4) b. Rublev (6) 6/3, 2/6, 6/4 ; Zverev (2) b. Auger-Aliassime (8) 6/3, 7/5
1/2 finales : Alcaraz (7) b. Djokovic (1) 6/7(5), 7/5, 7/6(5) ; Zverev (2) b. Tsitsipas (4) 6/4, 3/6, 6/2
Finale : Alcaraz (7) b. Zverev (2) 6/3, 6/1

Rome (Italie)
Masters 1000
(8 - 15 mai - 6 008 725 dollars - TB)

1/8 de finale : Djokovic (1) b. Wawrinka 6/2, 6/2 ; Auger-Aliassime (8) b. Giron 6/3, 6/2 ; Shapovalov (13) b. Nadal (3) 1/6, 7/5, 6/2 ; Ruud (5) b. Brooksby 6/3, 6/4 ; Sinner (10) b. Krajinovic 6/2, 7/6(6) ; Tsitsipas (4) b. Khachanov 4/6, 6/0, 6/3 ; Garin b. Cilic 6/3, 4/6, 6/4 ; Zverev (2) b. De Minaur 6/3, 7/6(5)
1/4 de finale : Djokovic (1) b. Auger-Aliassime (8) 7/5, 7/6(1) ; Ruud (5) b. Shapovalov (13) 7/6(7), 7/5 ; Tsitsipas (4) b. Sinner (10) 7/6(5), 6/2 ; Zverev (2) b. Garin 7/5, 6/2
1/2 finales : Djokovic (1) b. Ruud (5) 6/4, 6/3 ; Tsitsipas (4) b. Zverev (2) 4/6, 6/3, 6/3
Finale : Djokovic (1) b. Tsitsipas (4) 6/0, 7/6(5)

Genève (Suisse)
(15 - 21 mai - 597 900 dollars - TB)

1/2 finales : Ruud (2) b. Opelka (4) 7/6(2), 7/5 ; Sousa b. Gasquet 6/2, 6/2
Finale : Ruud (2) b. Sousa 7/6(3), 4/6, 7/6(1)

Lyon (France)
(15 - 21 mai - 597 900 dollars - TB)

1/2 finales : Norrie (1) b. Rune 6/2, 5/7 6/4 ; Molcan b. De Minaur 7/6(2), 6/2
Finale : Norrie (1) b. Molcan 6/3, 6/7(3), 6/1

Stuttgart (Allemagne)
(6 - 12 juin - 769 645 dollars - Herbe)

1/2 finales : Berrettini (2) b. Otte 7/6(7), 7/6(5) ; Murray b. Kyrgios 7/6(5), 6/2
Finale : Berrettini (2) b. Murray 6/4, 5/7, 6/3

's-Hertogenbosch (Pays-Bas)
(6 - 12 juin - 725 540 dollars - Herbe)

1/2 finales : Medvedev (1) b. Mannarino 7/5, 7/5 ; Van Rijthoven b. Auger-Aliassime (2) 6/3, 1/6, 7/6(5)
Finale : Van Rijthoven b. Medvedev (1) 6/4, 6/1

Londres (Grande-Bretagne)
(13 - 19 juin - 2 275 275 dollars - Herbe)

1/2 finales : Berrettini (2) b. van de Zandschulp 6/4, 6/3 ; Krajinovic b. Cilic (7) 6/3, 6/3
Finale : Berrettini (2) b. Krajinovic 7/5, 6/4

Halle (Allemagne)
(13 - 19 juin - 2 275 275 dollars - Herbe)

1/2 finales : Medvedev (1) b. Otte 7/6(3), 6/3 ; Hurkacz (5) b. Kyrgios 4/6, 7/6(2), 7/6(4)
Finale : Hurkacz (5) b. Medvedev (1) 6/1, 6/4

Majorque (Espagne)
(19 - 25 juin - 951 745 dollars - Herbe)

1/2 finales : Tsitsipas (2) b. Bonzi 6/4, 6/4 ; Bautista Agut (5) b. Bellier 7/6(5), 6/2
Finale : Tsitsipas (2) b. Bautista Agut (5) 6/4, 3/6, 7/6(2)

Eastbourne (Angleterre)
(20 - 25 juin - 760 750 dollars - Herbe)

1/2 finales : Fritz (3) b. de Minaur (6) 6/1, 6/7(5), 6/3 ; Cressy b. Draper 7/6(5), 6/7(2), 6/3
Finale : Fritz (3) b. Cressy 6/2, 6/7(4), 7/6(4)

Newport (États-Unis)
(11 - 17 juillet - 665 330 dollars - Herbe)

1/2 finales : Cressy (4) b. Isner (2) 6/2, 4/6, 6/3 ; Bublik (3) b. Kubler 6/3, 6/2
Finale : Cressy (4) b. Bublik (3) 2/6, 6/3, 7/6(3)

Bastad (Suède)
(11 - 17 juillet - 597 900 dollars - TB)

1/2 finales : Baez (8) b. Rublev (2) 6/2, 6/4 ; Cerundolo b. Carreno Busta (5) 6/3, 6/2
Finale : Cerundolo b. Baez (8) 7/6(4), 6/2

Hambourg (Allemagne)
(18 - 24 juillet - 1 911 620 dollars - TB)

1/2 finales : Alcaraz (1) b. Molcan 7/6(2), 6/1 ; Musetti b. Cerundolo 6/3, 7/6(3)
Finale : Musetti b. Alcaraz (1) 6/4, 6/7(6), 6/4

Gstaad (Suisse)
(18 - 24 juillet - 597 900 dollars - TB)

1/2 finales : Ruud (1) b. Ramos Vinolas (4) 6/2, 6/0 ; Berrettini (2) b. Thiem 6/1, 6/4
Finale : Ruud (1) b. Berrettini (2) 4/6, 7/6(4), 6/2

Atlanta (États-Unis)
(25 - 31 juillet - 792 980 dollars - Dur)

1/2 finales : de Minaur (3) b. Ivashka 5/7, 6/2, 6/2 ; Brooksby (6) b. Tiafoe (4) 6/1, 6/4
Finale : de Minaur b. Brooksby 6/3, 6/3

Kitzbuhel (Autriche)
(25 - 30 juillet - 597 900 dollars - TB)

1/2 finales : Bautista Agut (3) b. Ramos-Vinolas (5) 6/3, 7/6(3) : Misolic b. Hanfmann 6/2, 2/6, 7/6(3)
Finale : Bautista Agut (3) b. Misolic 6/2, 6/2

Umag (Croatie)
(25 - 31 juillet - 597 900 dollars - TB)

1/2 finales : Alcaraz (1) b. Zeppieri 7/5, 4/6, 6/3 ; Sinner (2) b. Agamenone 6/1, 6/3
Finale : Sinner (2) b. Alcaraz (1) 6/7(5), 6/1, 6/1

Washington (États-Unis)
(1 - 7 août - 2 108 110 dollars - Dur)

1/2 finales : Nishioka b. Rublev (1) 6/3, 6/4 ; Kyrgios b. Ymer 7/6(4), 6/3
Finale : Kyrgios b. Nishioka 6/4, 6/3

Los Cabos (Mexique)
(1 - 6 août - 920 625 dollars - Dur)

1/2 finales : Medvedev (1) b. Kecmanovic (4) 7/6(0), 6/1 ; Norrie (3) b. Auger-Aliassime 6/4, 3/6, 6/3
Finale : Medvedev (1) b. Norrie (3) 7/5, 6/0

Montréal (Canada)
Masters 1000
(8 - 14 août - 6 573 785 dollars - Dur)

1/8 de finale : Kyrgios b. De Minaur 6/2, 6/3 ; Hurkacz (8) b. Ramos Vinolas 6/7(6), 6/2, 7/6(3) ; Ruud (4) b. Bautista Agut (14) 6/7(4), 6/4, 7/6(4) ; Auger-Aliassime (6) b. Norrie (9) 6/3, 6/4 ; Carreno Busta b. Sinner (7) 6/2, 6/4 ; Draper b. Monfils (17), 6/2, 0-2 (ab) ; Evans b. Fritz (10) 7/6(5), 1/6, 7/5 ; Paul b. Cilic (13) 6/4, 6/2
1/4 de finale : Hurkacz (8) b. Kyrgios 7/6(4), 6/7(5), 6/1 ; Ruud (4) b. Auger-Aliassime (6) 6/1, 6/2 ; Carreno Busta b. Draper 7/6(4), 6/1 ; Evans b. Paul 1/6, 6/3, 6/4
1/2 finales : Hurkacz (8) b. Ruud (4) 5/7, 6/3, 6/2 ; Carreno Busta b. Evans 7/5, 6/7(7), 6/2
Finale : Carreno Busta b. Hurkacz (8) 3/6, 6/3, 6/3

Cincinnati (États-Unis)
Masters 1000
(14 - 21 août - 6 971 275 dollars - Dur)

1/8 de finale : Medvedev (1) b. Shapovalov 7/5, 7/5 ; Fritz (11) b. Rublev (6) 6/7(4), 6/2, 7/5 ; Tsitsipas (4) b. Schwartzman 6/3, 6/3 ; Isner b. Korda 7/6(3), 16, 7/6(4) ; Norrie (9) b. Shelton 6/0, 6/2 ; Alcaraz (3) b. Cilic (14) 7/6(4), 6/1 ; Auger-Aliassime (7) b. Sinner (10) 2/6, 7/6(1), 6/1 ; Coric b. Bautista Agut (15) 6/2, 6/3
1/4 de finale : Medvedev (1) b. Fritz (11) 7/6(1), 6/3 ; Tsitsipas (4) b. Isner 7/6(5), 5/7, 6/3 ; Norrie (9) b. Alcaraz (3) 7/6(4), 6/7(4), 6/4 ; Coric b. Auger-Aliassime (7) 6/4, 6/4

1/2 finales : Tsitsipas (4) b. Medvedev (1) 7/6(6), 3/6, 6/3 ; Coric b. Norrie (9) 6/3, 6/4
Finale : Coric b. Tsitsipas (4) 7/6(0), 6/2

Winston-Salem (États-Unis) (21 - 27 août - 823 420 dollars - Dur)
1/2 finales : Mannarino b. van de Zandschulp (2) 6/0, 6/4 ; Djere b. Huesler 7/6(3), 7/6(5)
Finale : Mannarino b. Djere 7/6(1), 6/4

San Diego (États-Unis) (19 - 25 septembre - 612 000 dollars - Dur)
1/2 finales : Giron (3) b. Evans (1) 6/3, 7/5 ; Nakashima (5) b. O'Connell 6/4, 7/6(3)
Finale : Nakashima (5) b. Giron (3) 6/4, 6/4

Metz (France) (19 - 25 septembre - 597 900 dollars - Dur)
1/2 finales : Sonego b. Hurkacz (2) 7/6(5), 6/4 ; Bublik (7) b. Wawrinka 2-1 ab
Finale : Sonego b. Bublik (7) 7/6(3), 6/2

Séoul (Corée du Sud) (26 septembre - 2 octobre - 1 237 570 dollars - Dur)
1/2 finales : Shapovalov (4) b. Brooksby (8) 7/5, 6/4 ; Nishioka b. Kovacevic 6/3, 4/6, 6/3
Finale : Nishioka b. Shapovalov (4) 6/4, 7/6(5)

Tel Aviv (Israël) (26 septembre - 2 octobre - 1 019 855 dollars - Dur)
1/2 finales : Djokovic (1) b. Safiullin 6/1, 7/6(3); Cilic (2) b. Lestienne 7/5, 6/3
Finale : Djokovic (1) b. Cilic (2) 6/3, 6/4

Sofia (Bulgarie) (26 septembre - 2 octobre - 597 900 dollars - Dur)
1/2 finales : Rune (5) b. Sinner (1) 5/7, 6/4, 5-2 ab ; Huesler b. Musetti 7/6(5), 7/5
Finale : Huesler b. Rune (5) 6/4, 7/6(8)

Femmes WTA 2022

Adélaïde (Australie) (3 - 9 janvier - 703 580 dollars - Dur)
1/2 finales : Barty (1) b. Swiatek (5) 6/2, 6/4 ; Rybakina (7) b. Doi 6/4, 6/3
Finale : Barty (1) b. Rybakina (7) 6/3, 6/2

Melbourne (Australie) (4 - 9 janvier - 239 477 dollars - Dur)
1/2 finales : Kudermetova (3) b. Osaka (1) WO ; Halep (2) b. Zheng 6/3, 6/2
Finale : Halep (2) b. Kudermetova (3) 6/2, 6/3

Melbourne (Australie) (4 - 9 janvier - 239 477 dollars - Dur)
1/2 finales : Anisimova b. Kasatkina (3) 6/2, 6/0 ; Sasnovich b. Li (7) 7/6(4), 2/6, 6/3
Finale : Anisimova b. Sasnovich 7/5, 1/6, 6/4

Adélaïde (Australie) (10 - 15 janvier - 239 477 dollars - Dur)
1/2 finales : Riske b. Zidansek (4) WO ; Keys b. Gauff (3) 3/6, 6/2, 7/5
Finale : Keys b. Riske 6/1, 6/2

Sydney (Australie) (10 - 15 janvier - 703 580 dollars - Dur)
1/2 finales : Badosa (5) b. Kasatkina 6/2, 6/2 ; Krejcikova (3) b. Kontaveit (4) 0/6, 6/4, 7/6(12)
Finale : Badosa (5) b. Krejcikova (3) 6/3, 4/6, 7/6(4)

Saint-Petersbourg (Russie) (7 - 13 février - 703 580 dollars - Dur)
1/2 finales : Sakkari (1) b. Begu 6/4, 6/7(4), 6/4 ; Kontaveit (2) b. Ostapenko (7) 6/3, 6/4
Finale : Kontaveit (2) b. Sakkari (1) 5/7, 7/6(4), 7/5

Dubaï (Émirats arabes unis) (14 - 19 février - 703 580 dollars - Dur)
1/2 finales : Ostapenko b. Halep 2/6, 7/6(0), 6/0 ; Kudermetova b. Vondrousova WO
Finale : Ostapenko b. Kudermetova 6/0, 6/4

Doha (Qatar) (20 - 26 février - 2 331 698 dollars - Dur)
1/2 finales : Swiatek (7) b. Sakkari (6) 6/4, 6/3 ; Kontaveit (4) b. Ostapenko (15) 6/1, 6/4
Finale : Swiatek (7) b. Kontaveit (4) 6/2, 6/0

Guadalajara (Mexique) (21 - 27 février - 239 477 dollars - Dur)
1/2 finales : Stephens (6) b. Kalinskaya 3/6, 7/5 ab ; Bouzkova b. Wang 6/3, 6/3
Finale : Stephens (6) b. Bouzkova 7/5, 1/6, 6/2

Monterrey (Mexique) (28 février - 6 mars - 239 477 dollars - Dur)
1/2 finales : Osorio (5) b. Parrizas Diaz (6) 6/4, 6/4 ; Fernandez (2) b. Haddad Maia 6/1, 6/4
Finale : Fernandez (2) b. Osorio (5) 6/7(5), 6/4, 7/6(3)

Lyon (France) (28 février - 6 mars - 239 477 dollars - Dur)
1/2 finales : Yastremska b. Cirstea (2) 7/6(5), 4/6, 6/4 ; Zhang (8) b. Garcia 6/2, 7/5
Finale : Zhang (8) b. Yastremska 3/6, 6/3, 6/4

Indian Wells (États-Unis) WTA 1000 (9 - 20 mars - 8 369 455 dollars - Dur)
1/8 de finale : Halep (24) b. Cirstea (26) 6/1, 6/1 ; Martic b. Samsonova (28) 7/6(6), 6/4 ; Swiatek (3) b. Kerber (15) 4/6, 6/2, 6/3 ; Keys (25) b/ Dart 6/1, 6/4 ; Badosa (5) b. Fernandez (18) 6/4, 6/4 ; Kudermetova (21) b. Vondrousova (30) 7/6(5), 6/7(5), 7/5 ; Sakkari (6) b. Saville 4-1, ab ; Rybakina (17) b. Golubic (31) 7/6(5), 6/2
1/4 de finale : Halep (24) b. Martic 6/1, 6/1 ; Swiatek (3) b. Keys (25) 6/1, 6/0 ; Badosa (5) b. Kudermetova (21) 6/3, 6/2 ; Sakkari (6) b. Rybakina (17) 7/5, 6/4
1/2 finales : Swiatek (3) b. Halep (24) 7/6(6), 6/4 ; Sakkari (6) b. Badosa (5) 6/2, 4/6, 6/1
Finale : Swiatek (3) b. Sakkari (6) 6/4, 6/1

Miami (États-Unis) WTA 1000 (22 mars - 3 avril - 8 369 455 dollars - Dur)
1/8 de finale : Bencic (22) b. Sasnovich 6/2, 6/3 ; Saville b. Bronzetti 5/7, 6/4, 7/5 ; Osaka b. Riske 6/3, 6/4 ; Collins (9) b. Jabeur (8) 6/2, 6/4 ; Badosa (5) b. Fruhvirtova 6/2, 6/3 ; Pegula (16) b. Kalinina 6/0 ab ; Kvitova (28) b. Kudermetova (21) 7/6(5), 6/4 ; Swiatek (2) b. Gauff (14) 6/3, 6/1
1/4 de finale : Bencic (22) b. Saville 6/1, 6/2 ; Osaka b. Collins (9) 6/2, 6/1 ; Pegula (16) b. Badosa (5) 4-1 ab ; Swiatek (2) b. Kvitova (28) 6/3, 6/3
1/2 finales : Osaka b. Bencic (22) 4/6, 6/3, 6/4 ; Swiatek (2) b. Pegula (16) 6/2, 7/5
Finale : Swiatek (2) b. Osaka 6/4, 6/0

Marbella (Espagne) (28 mars - 3 avril - 115 000 dollars - TB)
1/2 finales : Sherif (3) b. Kovinic (1) 7/5, 7/6(4) ; Korpatsch b. Dodin 6/1, 7/6(3)
Finale : Sherif (3) b. Korpatsch 7/6(1), 6/4

Charleston (États-Unis) (4 - 10 avril - 899 500 dollars - TB)
1/2 finales : Jabeur (4) b. Anisimova (15) 2/6, 6/1, 6/4 ; Bencic (10) b. Alexandrova 6/4, 6/3
Finale : Bencic (10) b. Jabeur (4) 6/1, 5/7, 6/4

Bogota (Colombie) (4 - 10 avril - 239 477 dollars - TB)
1/2 finales : Pigossi b. Osorio (1) 7/5, 7/6(2) ; Maria b. Rakhimova 6/2, 6/2
Finale : Maria b. Pigossi 6/3, 4/6, 6/2

Stuttgart (Allemagne) (18 - 24 avril - 757 900 dollars - TB)
1/2 finales : Swiatek (1) b. Samsonova 6/7(4), 6/4, 7/5 ; Sabalenka (3) b. Badosa (2) 7/6(5), 6/4
Finale : Swiatek (1) b. Sabalenka (3) 6/2, 6/2

Istanbul (Turquie) (18 - 24 avril - 251 750 dollars - TB)
1/2 finales : Potapova b. Putintseva 2/6, 6/2, 6/2 ; Kudermetova (3) b. Cirstea (2) 6/3, 6/3
Finale : Potapova b. Kudermetova (3) 6/3, 6/1

Madrid (Espagne) WTA 1000 (28 avril - 7 mai - 6 575 560 dollars - TB)
1/8 de finale : Teichmann b. Rybakina (16) 6/3, 6/1 ; Kalinina b. Raducanu (9) 2/6, 6/2, 6/4 ; Sorribes Tormo b. Kasatkina 6/4, 1/6, 6/3 ; Pegula (12) b. Andreescu 7/5, 6/1 ; Alexandrova b. Bouzkova 6/7(4), 6/0, 7/5 ; Anisimova b. Azarenka (15) 6/1, 6/4 ; Jabeur (8) b. Bencic (11) 6/2, 3/6, 6/2 ; Halep b. Gauff (14) 6/4, 6/4
1/4 de finale : Teichmann b. Kalinina 6/3, 6/4 ; Pegula (12) b. Sorribes Tormo 6/4, 6/2 ; Alexandrova b. Anisimova 6/4, 6/3 ; Jabeur (8) b. Halep 6/3, 6/2
1/2 finales : Pegula (12) b. Teichmann 6/3, 6/4 ; Jabeur (8) b. Alexandrova 6/2, 6/3
Finale : Jabeur (8) b. Pegula (12) 7/5, 0/6, 6/2

Saint-Malo (France) (2 - 8 mai - 115 000 dollars - TB)
1/2 finales : Haddad Maia (4) b. Zanevska 5-0 ab (5) ; Blinkova b. Frech (8) 6/3, 3/6, 7/6(2)
Finale : Haddad Maia (4) b. Blinkova 7/6 (3), 6/3

Paris (France) (9 - 15 mai - 115 000 dollars - TB)
1/2 finales : Liu (7) b. Kanepi (1) 6/4, 2/6, 6/0 ; Haddad Maia (3) b. Bogdan 5/7, 6/3, 6/1
Finale : Liu (7) b. Haddad Maia (3) 6/3, 6/4

Rome (Italie) WTA 1000 (9 - 15 mai - 2 527 250 dollars - TB)
1/8 de finale : Swiatek (1) b. Azarenka (16) 6/4, 6/1 ; Andreescu b. Martic 6/4, 6/4 ; Sabalenka (3) b. Pegula (13) 6/1, 6/4 ; Anisimova b. Collins (7) 6/2, 6/2 ; Jabeur (9) b. Putintseva 6/3, 6/2 ; Sakkari (4) b. Gauff (15) 6/4, 7/5, Teichmann b. Rybakina 6/7(3), 6/3, 7/5 ; Kasatkina b. Badosa (2) 6/4, 6/4
1/4 de finale : Swiatek (1) b. Andreescu 7/6(2), 6/0 ; Sabalenka (3) b. Anisimova 4/6, 6/3, 6/2 ; Jabeur (9) b. Sakkari (4) 1/6, 7/5, 6/1 ; Kasatkina b. Teichmann 6/4, 3-2 ab
1/2 finales : Swiatek (1) b. Sabalenka (3) 6/2, 6/1 ; Jabeur (9) b. Kasatkina 6/4, 1/6, 7/5
Finale : Swiatek (1) b. Jabeur (9) 6/2, 6/2

Karlsruhe (Allemagne) (10 - 15 mai - 115 000 dollars - TB)
1/2 finales : Pera (8) b. Friedsam 7/5, 2-0 ab ; Sherif (2) b. Bondar (3) 6/2, 6/2
Finale : Sherif (2) b. Pera (8) 6/2, 6/4

Strasbourg (France) (15 - 21 mai - 251 750 dollars - TB)
1/2 finales : Juvan b. Pliskova (1) ; Kerber (2) b ; Dodin 7/6(2), 1-0 ab
Finale : Kerber (2) b. Juvan 7/6(5), 6/7(0), 7/6(5)

Rabat (Maroc) (15 - 21 mai - 251 750 dollars - TB)
1/2 finales : Trevisan b. Bronzetti 6/3, 6/3 ; Liu b. Bondar (5) WO
Finale : Trevisan b. Liu 6/2, 6/1

Makarska (Croatie) (31 mai - 5 juin - 115 000 dollars - TB)
1/2 finales : Cocciaretto b. Schmiedlova (5) 7/6(7), 6/1 ; Niemeier (7) b. Noskova 6/2, 6/1
Finale : Niemeier (7) b. Cocciaretto 7/5, 6/1

Valence (Espagne)
(6 - 12 juin - 115 000 dollars - TB)
1/2 finales : Zheng (3) b. Parrizas Diaz (1) 6/3, 4/6, 7/5 ; Wang b. Bjorklund 6/3, 6/4
Finale : Zheng (3) b. Wang 6/4, 4/6, 6/3

S'Hertogenbosch (Pays-Bas)
(6-12 juin - 251 750 dollars - Gazon)
1/2 finales : Sabalenka (1) b. Rogers 7/6(6), 6/0 ; Alexandrova (7) b. Kudermetova (6) 6/3, 6/1
Finale : Alexandrova (7) b. Sabalenka (1) 7/5, 6/0

Nottingham (Grande-Bretagne)
(6 - 12 juin - 251 750 dollars - Gazon)
1/2 finales : Haddad Maia (7) b. Martincova 6/3, 4-1 ab ; Riske (6) b. Golubic 6/3, 4/6, 6/3
Finale : Haddad Maia (7) b. Riske (6) 6/4, 1/6, 6/3

Berlin (Allemagne)
(13 - 19 juin - 757 900 dollars - Gazon)
1/2 finales : Jabeur (1) b. Gauff (7) 7/6(4), 6/2 ; Bencic (8) b. Sakkari (2) 6/7(6), 6/4, 6/4
Finale : Jabeur (1) b. Bencic (8) 6/3, 2-1 ab

Gaiba (Italie)
(13 - 19 juin - 115 000 dollars - Gazon)
1/2 finales : Van Uytvanck (1) b. Tan 7/6(3), 6/3 ; Errani b. Parry (6) 6/3, 6/4
Finale : Van Uytvanck (1) b. Errani 6/4, 6/3

Birmingham (Grande-Bretagne)
(13 - 19 juin - 251 750 dollars - Gazon)
1/2 finales : Zhang (8) b. Cirstea (6) 4/6, 6/1, 7/6(5) ; Haddad Maia b. Halep (2) 6/3, 2/6, 6/4
Finale : Haddad Maia b. Zhang (8) 5-4 ab

Bad Homburg (Allemagne)
(19 - 25 juin - 251 750 dollars - Gazon)
1/2 finales : Garcia b. Cornet (9) 7/6(9), 3/6, 7/5 ; Andreescu b. Halep (4) WO
Finale : Garcia b. Andreescu 6/7(5), 6/4, 6/4

Eastbourne (Grande-Bretagne)
(19 - 25 juin - 757 900 dollars - Gazon)
1/2 finales : Kvitova (14) b. Haddad Maia (15) 7/6(5), 6/4 ; Ostapenko (8) b. Giorgi (12) 6/2, 6/2
Finale : Kvitova (14) b. Ostapenko (8) 6/3, 6/2

Bastad (Suède)
(4 - 9 juillet - 115 000 dollars - TB)
1/2 finales : Masarova b. Davis (6) 7/6(3), 7/5 ; Jang b. Tomova 6/2, 6/3
Finale : Jang b. Masarova 3/6, 6/3, 6/1

Contrexeville (France)
(4 - 10 juillet - 115 000 dollars - TB)
1/2 finales : Galfi (6) b. Bondar (1) 6/3, 6/1 ; Errani b. Bucsa 6/3, 6/2
Finale : Errani b. Galfi (6) 6/4, 1/6, 7/6(4)

Lausanne (Suisse)
(11 - 17 juillet - 251 750 dollars - TB)
1/2 finales : Danilovic b. Potapova 6/3, 6/2 ; Martic b. Garcia (6) 6/4, 1/6, 6/3
Finale : Martic b. Danilovic 6/3, 6/2

Budapest (Hongrie)
(11 - 17 juillet - 251 750 dollars - TB)
1/2 finales : Krunic b. Putintseva (3) 6/2, 6/2 ; Pera b Bondar (9) 6/3, 6/4
Finale : Pera b. Krunic 6/3, 6/3

Hambourg (Allemagne)
(17 - 23 juillet - 251 750 dollars - TB)
1/2 finales : Kontaveit (1) b. Potapova 6/3, 7/5 ; Pera b. Zanevska (7) 6/2, 6/4
Finale : Pera b. Kontaveit (1) 6/2, 6/4

Palerme (Italie)
(18 - 24 juillet - 251 750 dollars - TB)
1/2 finales : Bronzetti b. Paolini 0/6, 6/3, 6/3 ; Begu (6) b. Sorribes Tormo (4) 3/6, 6/3, 6/4
Finale : Begu (6) b. Bronzetti 6/2, 6/2

Prague (République tchèque)
(25 - 31 juillet - 251 750 dollars - Dur)
1/2 finales : Potapova (7) b. Wang 6/3, 6/0 ; Bouzkova (8) b. Noskova 7/6(4), 6/3
Finale : Bouzkova (8) b. Potapova (7) 6/0, 6/3

Varsovie (Pologne)
(25 - 31 juillet - 251 750 dollars - TB)
1/2 finales : Garcia (5) b. Paolini (10) 6/1, 6/2 ; Bogdan b. Baindl 7/5, 7/5
Finale : Garcia (5) b. Bogdan 6/4, 6/1

San José (États-Unis)
(1 - 7 août - 757 900 dollars - Dur)
1/2 finales : Rogers b. Kudermetova (9) 6/3, 6/4 ; Kasatkina (7) b. Badosa (2) 6/2, 6/4
Finale : Kasatkina (7) b. Rogers 6/7(2), 6/1, 6/2

Washington (États-Unis)
(1 - 7 août - 251 750 dollars - Dur)
1/2 finales : Samsonova b. Wang 6/1, 6/1 ; Kanepi (6) b. Saville 6/3, 6/1
Finale : Samsonova b. Kanepi (6) 4/6, 6/3, 6/3

Iasi (Roumanie)
(1 - 7 août - 115 000 dollars - TB)
1/2 finales : Udvardy (2) b. Chwalinska 6/3, 7/6(2) ; Bodgan (3) b. Astakhova 7/6(5), 6/4
Finale : Bodgan (3) b. Udvardy (2) 6/2, 3/6, 6/1

Toronto (Canada)
WTA 1000
(8 - 14 août - 2 697 250 dollars - Dur)
1/8 de finale : Haddad Maia b. Swiatek (1) 6/4, 3/6, 7/5 ; Bencic (12) b. Muguruza (8) 6/1, 6/3 ; Pliskova (14) b. Sakkari (3) 6/1, 6/7(9), 6/3 ; Zheng b. Andreescu 7/5, 5/7, 6/2 ; Pegula (7) b. Giorgi 3/6, 6/0, 7/5 ; Putintseva b. Riske Amritraj 6/3, 7/5 ; Gauff (10) b. Sabalenka (6) 7/5, 4/6, 7/6(4) ; Halep (15) b. Teichmann 6/2, 7/5
1/4 de finale : Haddad Maia b. Bencic (12) 2/6, 6/3, 6/3 ; Pliskova (14) b. Zheng 4/6, 6/4, 6/4 ;Pegula (7) b. Putintseva 6/3, 6/3 ; Halep (15) b. Gauff (10) 6/4, 7/6(2)
1/2 finales : Haddad Maia b. Pliskova (14) 6/4, 7/6(7) ; Halep (15) b. Pegula (7) 2/6, 6/3, 6/4
Finale : Halep (15) b. Haddad Maia 6/3, 2/6, 6/3

Concord (États-Unis)
(8 - 14 août - 115 000 dollars - Dur)
1/2 finales : Pera (2) b. Scott 6/4, 6/2 ; Vandeweghe b Wang 6/4, 6/3
Finale : Vandeweghe b. Pera (2) 6/3, 5/7, 6/4

Vancouver (Canada)
(14 - 21 août - 115 000 dollars - Dur)
1/2 finales : Grammatikopoulou b. Navarro 6/4, 3/6, 6/1 ; Bronzetti (2) b. Peterson (5) 6/2, 6/2
Finale : Grammatikopoulou b. Bronzetti (2) 6/2, 6/4

Cincinnati (États-Unis)
WTA 1000
(15 - 21 août - 2 527 250 dollars - Dur)
1/8 de finale : Keys b. Swiatek (1) 6/3, 6/4 ; Rybakina b. Riske Amritraj 6/2, 6/4 ; Tomljanovic b. Kudermetova 3/6, 7/6(4), 6/3 ; Kvitova b. Jabeur (5) 6/1, 4/6, 6/0 ; Pegula (7) b. Raducanu (10) 7/5, 6/4 ; Garcia b. Mertens 6/4, 7/5 ; Sabalenka (6) b. Rogers 6/4, 6/7(2), 6/4 ; Zhang b. Kontaveit (2) 2/6, 6/4, 6/4
1/4 de finale : Keys b. Rybakina 6/2, 6/4 ; Kvitova b. Tomljanovic 6/2, 6/3 ; Garcia b. Pegula (7) 6/1, 7/5 ; Sabalenka (6) b. Zhang 6/4, 7/6(1)
1/2 finales : Kvitova b. Keys 6/7(6), 6/4, 6/3 ; Garcia b. Sabalenka (6) 6/2, 4/6, 6/1
Finale : Garcia b. Kvitova 6/2, 6/4

Cleveland (États-Unis)
(21 - 27 août - 251 750 dollars - Dur)
1/2 finales : Samsonova b. Pera 6/1, 6/2 ; Sasnovich (7) b. Cornet (8) 6/7(5), 7/5, 6/3
Finale : Samsonova b. Sasnovich (7) 6/1, 6/3

Granby (Canada)
(21 - 27 août - 251 750 dollars - Dur)
1/2 finales : Kasatkina (1) b. Parry 6/2, 6/0 ; Saville (9) b. Kostyuk (10) WO
Finale : Kasatkina (1) b. Saville (9) 6/4, 6/4

Bari (Italie)
(5 - 11 septembre - 115 000 dollars - TB)
1/2 finales : Brancaccio b. Paoletti 3/6, 6/2, 6/4 ; Grabher b. Rani 6/4, 6/1
Finale : Grabher b. Brancaccio 6/4, 6/2

Chennai (Inde)
(12 - 18 septembre - 251 750 dollars - Dur)
1/2 finales : Linette (3) b. Swan 3-0 ab ; Fruhvirtova b. Podoroska 5/7, 6/2, 6/4
Finale : Fruhvirtova b. Linette (3) 4/6, 6/3, 6/4

Bucarest (Roumanie)
(12 - 18 septembre - 115 000 dollars - Dur)
1/2 finales : Jani b. Zanevska 7/5, 7/6(6) ; Begu (2) b. Errani 6/2, 6/2
Finale : Begu (2) b. Jani 6/3, 6/3

Portoroz (Slovénie)
(12 - 18 septembre - 251 750 dollars - Dur)
1/2 finales : Siniakova b. Friedsam 6/1, 7/5 ; Rybakina (3) b. Bogdan 6/1, 6/1
Finale : Siniakova b. Rybakina (3) 6/7(4), 7/6(5), 6/4

Séoul (Corée du Sud)
(19 - 25 septembre - 251 750 dollars - Dur)
1/2 finales : Ostapenko (1) b. Raducanu (6) 4/6, 6/3, 3-0 ab ; Alexandrova (2) b. Maria (7) 6/2, 6/4
Finale : Alexandrova (2) b. Ostapenko (1) 7/6(4), 6/0

Tokyo (Japon)
(19 - 25 septembre - 757 900 dollars - Dur)
1/2 finales : Zheng b. Kudermetova (4) 5/7, 6/3, 7/6(3) ; Samsonova b. Zhang 7/6(4), 6/2
Finale : Samsonova b. Zheng 7/5, 7/5

Budapest (Hongrie)
(19 - 24 septembre - 115 000 dollars - TB)
1/2 finales : Tomova b. Dodin 4/6, 6/3, 4/1 ab ; Korpatsch b. Bondar (2) 7/5, 6/4
Finale : Korpatsch b. Tomova 7/6(3), 6/7(4), 6/0

Tallinn (Estonie)
(26 septembre - 2 octobre - 251 750 dollars - Dur)
1/2 finales : Kontaveit (1) b. Kanepi 6/4, 6/4 ; Krejcikova (7) b. Bencic (2) 6/7(5), 7/6(2), 6/2
Finale : Krejcikova (7) b. Kontaveit (1) 6/2, 6/3

Parme (Italie)
(26 septembre - 1er octobre - 251 750 dollars - TB)
1/2 finales : Sakkari (1) b. Zanevska 2/6, 6/4, 6/4 ; Sherif b. Bogdan (6) 6/4, 3/6, 6/4
Finale : Sherif b. Sakkari (1) 7/5, 6/3

COMPETITIONS PAR EQUIPES

ATP Cup
(1 - 9 janvier - Sydney)
1/2 finales
Espagne b. Pologne : Bautista Agut b. Hurkacz 7/6(6), 2/6, 7/6(5) ; Carreno Busta b. Zielinski 6/2, 6/1 ; Walkow–Zielinski b. Martinez–Ramos Vinolas 4/6, 6/3, 10-6
Canada b. Russie : Medvedev b. Auger-Aliassime 6/4, 6/0 ; Shapovalov b. Safiullin 6/4, 5/7, 6/4 ; Auger-Aliassime – Shapovalov b. Medvedev – Safiullin 4/6, 7/5, 10-7
Finale
Canada b. Espagne : Auger-Aliassime b. Bautista Agut 7/6(3), 6/3 : Shapovalov b. Carreno Busta 6/4, 6/3

Laver Cup
(23 – 25 septembre – Londres)
Monde b. Europe 13-8

1re journée : Ruud b. Sock 6/4, 5/7, 10-7 ; Tsitsipas b. Schwartzman 6/2, 6/1 ; De Minaur b. Murray 5/7, 6/3, 10-7 ; Sock-Tiafoe b. Federer-Nadal 4/6, 7/6(2), 11-9
2e journée : Berrettini b. Auger-Aliassime 7/6(11), 4/6, 10-7 ; Djokovic b. Tiafoe 6/1, 6/3 ; Fritz b. Norrie 6/1, 4/6, 10-8 ; Berrettini-Djokovic b. De Minaur-Sock 7/5, 6/2
3e journée : Auger-Aliassime b. Djokovic 6/3, 7/6(3) ; Auger-Aliassime-Sock b. Berrettini-Murray 2/6, 6/3, 10-8 ; Tiafoe b. Tsitsipas 1/6, 7/6(11), 10-8

JEUNES

OPEN D'AUSTRALIE

Juniors garçons
Finale : Kuzuhara b. Mensik 7/6(4), 6/7(6), 7/5

Juniors filles
Finale : Marcinko b. Costoulas 7/5, 6/1

ROLAND-GARROS

Juniors garçons
Finale : Debru b. Bailly 7/6(5), 6/3

Juniors filles
Finale : Havlickova b. Sierra 6/3, 6/3

WIMBLEDON

Juniors garçons
Finale : Poljicak b. Zheng 7/6(2), 7/6(3)

Juniors filles
Finale : Hovde b. Udvardy 6/3, 6/4

US OPEN

Juniors garçons
Finale : Landaluce b. Bailly 7/6(3), 5/7, 6/2

Juniors filles
Finale : Eala b. Havlickova 6/2, 6/4

CLASSEMENT ATP (14 OCTOBRE 2022)

SIMPLE					DOUBLE
1. Alcaraz 6 740	21. Kyrgios 1 870	41. Nishioka 1 077	61. Cachín 813	81. Garín 640	1. Ram 7100
2. Nadal 5 810	22. Bautista 1 840	42. Brooksby 1 072	62. Giron 806	82. Lajovic 631	2. Salisbury 7010
3. Ruud 5 645	23. De Minaur 1 745	43. Bublik 1 070	63. Lestienne 805	83. Gasquet 630	3. Koolhof 6600
4. Medvedev 5 245	24. Dimitrov 1 640	44. Mannarino 1 046	64. Sousa 801	84 Veselý 629	4. Skupski 6540
5. Tsitsipas 5 065	25. Evans 1 515	45. Isner 1 005	65. Monteiro 793	85. Thompson 625	5. Rojer 5170
6. Zverev 5 040	26. Coric 1 495	46. Nakashima 999	66. Hüsler 784	86 Kwon 621	6. Arevalo 4915
7. Djokovic 4 320	27. Rune 1 461	47. Korda 985	67. Bonzi 781	87. Albot 616	7. Pavic 4770
8. Fritz 3 510	28. Musetti 1 437	48. Murray 975	68. Tabilo 751	88 Tseng 611	8. Mektic 4565
9. Rublev 3 480	29. Cerúndolo 1 394	49. Molcan 971	69. Moutet 737	89. Etcheverry 609	9. Venus 4410
10. Norrie 3 445	30. Paul 1 375	50. Draper 961	70. Ivashka 730	90 Dellien 603	10. Puets 4305
11. Hurkacz 3 265	31. Davidovich 1 370	51. Sonego 960	71. Galán 716	91. Fucsovics 594	11. Zeballos 4110
12. Sinner 3 040	32. Kecmanovic 1 340	52. Ruusuvuori 921	72. Coria 714	92 Kokkinakis 592	12. Granollers 3960
13. Auger-Aliassime 2 950	33. Cressy 1 269	53. Krajinovic 920	73. Djere 702	93. Safiullin 586	13. Kyrgios
14. Cilic 2 540	34. Zandschulp 1 252	54. Griekspoor 888	74. Zapata 699	94. Popyrin 584	14. Heliovaara 3523
15. Carreño 2 360	35. Báez 1 205	55. Otte 875	75. Wolf 694	95. Borges 579	15. Cabal 3475
16. Berrettini 2 360	36. Basilashvili 1 185	56. Rinderknech 852	76. Lehecka 694	96. Daniel 578	
17. Tiafoe 2 240	37. Opelka 1 185	57. Munar 839	77. Gaston 687	97. Gombos 571	
18. Schwartzman 2 110	38. Monfils 1 105	58. Goffin 825	78. Halys 686	98. Gómez 566	
19. Khachanov 2 035	39. Karatsev 1 085	59. Fognini 817	79. McDonald 685	99. Ymer 565	
20. Shapovalov 1 925	40. Ramos 1 085	60. Martinez 815	80. Carballés 675	100. Kotov 564	

CLASSEMENT WTA (14 OCTOBRE 2022)

SIMPLE					DOUBLE
1. Swiatek 10 485	21. Kvitová 2 102	41. Bouzková 1 252	61. Parry 918	81. Golubic 734	1. Siniakova 7430
2. O Jabeur 4 885	22. Plíšková 2 061	42. Martic 1 237	62. Bondár 909	82. Udvardy 733	2. Krejcikova 6007
3. A Kontaveit 4 010	23. Samsonova 1 937	43. Pera 1 164	63. Bronzetti 906	83. Cristian 732	3. Gauff 4815
4. P Badosa 3 934	24. Azarenka 1 897	44. Osaka 1 122	64. Liu 898	84. Zanevska 725	4. Pegula 4795
5. Sabalenka 3 470	25. Anisimova 1 811	45. Kalinina 1 091	65. Li 890	85. Davis 723	5. Mertens 4705
6. Pegula 3 447	26. Rybakina 1 810	46. Bogdan 1 077	66. Zhu 884	86. Grabher 720	6. Kudemetova 4655
7. Sakkari 3 355	27. Zhang 1 655	47. Putintseva 1 059	67. Kovinic 853	87. Juvan 714	7. Olmos 4520
8. Gauff 3 047	28. Zheng 1 602	48. Potapova 1 046	68. Raducanu 852	88. Zidanšek 712	8. Dabrowski 4425
9. Halep 3 025	29. Sasnovich 1 546	49. Brengle 1 045	69. Sorribes 851	89. Gálfi 710	9. Melichar 4165
10. Garcia 2 930	30. Sasnovich 1 546	50. Sherif 1 040	70. Martincová 830	90. Dart 699	10. Kichenok 3910
11. Kasatkina 2 895	31. Trevisan 1 521	51. Siniaková 1 036	71. Maria 829	91. Vondroušová 687	11. Ostapenko 3905
12. Kudermetova 2 571	32. Cornet 1 500	52. Stephens 1 035	72. Kerber 828	92. Cocciaretto 685	12. Schuurs 3685
13. Muguruza 2 406	33. Kanepi 1 478	53. Van Uytvanck 1 012	73. Osorio 828	93. Tomova 679	13. Krawczyk 3680
14. Krejcíková 2 371	34. Begu 1 454	54. Saville 981	74. Niemeier 823	94. Yastremska 678	14. Mladenovic 3650
15. Bencic 2 305	35. Tomljanovic 1 425	55. Linette 980	75. Párrizas 782	95. Wang 675	15. Perez 3635
16. Haddad Maia 2 295	36. Mertens 1 425	56. Kostyuk 975	76. Fruhvirtová 777	96. Tauson 674	
17. Ostapenko 2 271	37. Rogers 1 334	57. Andreescu 971	77. Vekic 774	97. Tsurenko 674	
18. Keys 2 248	38. Teichmann 1 333	58. Kalinskaya 971	78. Paolini 772	98. Korpatsch 673	
19. Collins 2 177	39. Fernandez 1 310	59. Wang 958	79. Marino 750	99. Nosková 669	
20. Alexandrova 2 105	40. Cirstea 1 300	60. Giorgi 954	80. Wang 745	100. Krunic 657	

#LaverCup
LAVERCUP.COM
LAVER CUP
#LaverCup
LAVER CUP

IDOL
FOREVE
RF

Wilson